元華文創

科技法學探索系列 07　范建得教授主編

虛擬通貨的
洗錢防制監管

The Supervision of Anti-Money Laundering of Virtual Currencies

以區塊鏈底層技術之運作邏輯為基底，
結合世界主要國家和國際組織監管架構，
探討有效監管虛擬通貨洗錢防制的可能性。

董尚晨
范建得

著

致　謝

　　本書係修改作者碩士學位論文而成，寫作的初衷是希望透過對區塊鏈基礎技術的介紹，並整理歸納國際重要國家、組織對虛擬通貨洗錢防制的監管措施，搭起技術領域與法律工作者間溝通的橋樑。

　　寫作期間，承蒙承展智權暨商務法律事務所主持律師陳丁章律師、銘傳大學金融科技學院副教授兼主任，同時也擔任比特幣及虛擬通貨發展協會理事、台灣法律科技協會理監事的林盟翔老師協助指正，並提供諸多寶貴的建議及思考方向，才得以在各種意見交流下完成寫作，並有幸得到指導教授范建得老師的出版專書邀請，才使本著作得以意想不到的方式呈現在公眾眼前，謹此致謝。

2022 年 4 月

序

　　區塊鏈的發展帶動比特幣等虛擬通貨的運用，而疫情帶來的全球金融體系衝擊，更使虛擬通貨在資本市場的應用得到前所未有的關注，「如何在不破壞創新的同時，防堵更甚以往的洗錢風險」，則成為各國主管機關在面對區塊鏈上的虛擬通貨時，難以突破的困難。

　　然虛擬通貨世界的運作畢竟有高度技術成分在內，如何對相關的監管提出有效的建議？認識區塊鏈技術的運作是必不可少的過程。為此，本書在章節的安排上，從區塊鏈共識機制的形成，與比特幣等虛擬通貨得以被信任而具有交換價值的原因開始，說明重要國際組織對於虛擬通貨洗錢的監管理念與方向，並比較我國與世界主要國家的法制差異，最後提出我國管制上可參考的建議。

　　作者深知相關虛擬通貨洗錢監管法治進展快速，本書亦還有許多可以加強之處，為期能夠符合目前監管之趨勢。希冀閱讀本書的各位先進也能不吝賜教，共同探索區塊鏈的奧妙。

董尚晨

摘　要

　　洗錢防制在近年受到全球的關注，且由於洗錢犯罪具有跨國流動的特性，各國必須建立一致的監管標準才能有效防堵犯罪。而隨著如比特幣等具有價值儲存、交換、移轉特性的虛擬通貨日漸盛行，用於洗錢的標的也從傳統的法幣、名畫等資產逐漸轉移到該等附著於區塊鏈的虛擬通貨。

　　防制洗錢金融行動工作組織（FATF）也認為對於此種新興的洗錢型態有正視的必要，並發佈了許多指引以利各國一同防堵，我國為遵循國際的反洗錢法遵也進行了數次的修法，在法制建構上已與國際之法律遵循要求漸趨一致，惟仍有可檢討之處。

　　然，法律的規範如何才能做到監管的同時亦不阻礙科技的創新？勢必對於虛擬通貨的基礎技術要有一定的認識。對此，全書共分為五章，第一章為緒論，從區塊鏈底層技術開始，談到虛擬通貨如何演變成今日受到普遍大眾公認具有交易價值的原因，並說明本書的研究目的、範圍與研究方法。第二章則介紹以 FATF 為主的反洗錢法制。第三章則以美國、中國為比較法研究對象，探討主要國家對於反洗錢所採取的具體作為。最後，本書希冀透過前述章節的研究安排，得以對我國關於虛擬通貨洗錢防制的管制方向提出建議。

目　次

第一章　緒論

第一節　研究動機與目的

第一項　研究動機

　　2008 年一位化名為中本聰的人，在 metzdowd.com 的網站中發表了一篇名為《比特幣：一種點對點式的電子現金系統》（Bitcoin: A Peer-to-Peer Electronic Cash System，下稱「中本聰論文」），又稱比特幣白皮書的論文。簡短來說，「中本聰論文」主要是要建構一個去中心化的記帳結算系統，用以實現一種完全通過「點對點」完成且可避免匯款人重複消費的支付環境[1]。其所採用的方法，是藉由非對稱密碼系統的數位簽章方式，形成交易訊息被公開而交易發動者匿名的交易情境，並將被公開的交易訊息打上時間戳記後，各節點再透過工作量證明（Proof-of-Work, POW）共識機制決定一個具有將一定時間內交易紀錄打包成區塊的節點，而該節點打包後的區塊可分為區塊體和區塊頭兩部份，以下就此二部份進行說明：

　　1. 區塊體（Block Body）[2]

　　區塊體包含了該次交易的比特幣支出地址、支出的比特幣數量、接

---

[1]　陳哲斌（2018），〈首次密碼代幣發行（ICO）的金融監理〉，《月旦法學雜誌》，頁140-141。

[2]　陳丁章、范建得、黎昱萱（2021），《自比特幣技術的特徵論虛擬貨幣的法律特性及其相關議題》，頁 19-20，元華文創股份有限公司。

收比特幣的地址、匯款人數位簽章、交易之時間戳記，以及作為默克爾樹節點的雜湊值[3]。

2. 區塊頭（Block Header）[4]

區塊頭則為構成區塊鏈的關鍵，主要包含（1）前一個區塊頭內的雜湊值並確保當前區塊能與前一個區塊以正確的順序連結；（2）當下區塊體內經默克爾樹演算法（Merkle Tree）所得出的默克爾樹根（Merkle Tree Root），使區塊頭可表現出前述區塊體內的所有交易資訊。

而所謂 POW 共識，係指當有下一個節點要打包區塊時，該節點（或稱礦工）即須對前一個區塊的區塊頭反覆進行 SHA256 雜湊演算，找出一個滿足條件的雜湊值（即找到前一個區塊頭內的 Nonce），雖然找出 Nonce 有可能是一種概率事件，但各系統參與者仍會同意該節點的工作量證明並使其取得打包區塊的權利（即挖礦並獲得獎勵，詳後述）。基此，透過不斷重複令節點計算前一個區塊頭的雜湊值的方式，確保新打包的區塊具備所有上一個區塊的交易紀錄並鏈接[5]，再透過「最長鏈機制」解決「分叉」問題後[6]，即形成具有不重複、不可竄的

---

[3] 默克爾樹節點的雜湊值主要的功能是為連結區塊體和區塊頭而形成一個完整的區塊，內容包含（1）默克爾樹節點和（2）雜湊值。具體的運作係將前述區塊體的全部交易資訊，透過 SHA256 演算法做雜湊演算，並得到雜湊值並成為所謂的默克爾樹節點，而雜湊值的本質可被視為一種「數位指紋」，確保每一筆交易不會被偽造或重複交易。之後的一段時間內，再繼續透過 SHA256 做雜湊演算，並將每一筆得到的默克爾樹節點相連，直到在時間結束得到默克爾樹根（Merkle Tree Root）為止，此時區塊體即具備該特定期間所有的交易資料，並將該等資料以默克爾樹根的方式放到區塊頭以利區塊頭與前一個區塊進行鏈結。

[4] 前揭註 2，頁 20-21。

[5] 宋皇志、吳婕華（2020），〈虛擬貨幣之法律性質與監理規範〉，《臺北大學法學論叢》，第 117 期，頁 145。

[6] 因為在區塊鏈上的系統參與者是各自獨立運作，故可能發生兩個以上的節點同時完成區塊的打包，

區塊鏈，是以，雖然區塊鏈系統中並未有一中心化的信賴第三方，但仍形成去中心化的信任[7]。

　　在傳統金融世界中，為確保匯款方有足夠的餘額且沒有重複花用的情形，銀行或類似的金融機構作為可信賴的第三方可向其用戶收取手續費等利益；而在區塊鏈的架構中，由於去中心化的特性而使系統的多數參與者均須共同從事前述金融機構的工作以維持區塊鏈系統的運作，區塊鏈系統則係使取得記帳權的節點獲得比特幣作為誘因，令礦工等系統參與者願意花費算力和電力去對區塊鏈系統進行維持。

　　然，比特幣此種本質上僅係透過消耗電力、算力所產生的電磁紀錄，為何會產生現實世界的價值並得以作為礦工勞動的誘因？這問題可追溯到古人最早為何願意以貝殼作為其用以交換價值的「貨幣」？原因就在於當時的人「同意」以及「信任」它有價值，所謂「同意」它有價值，係指人們同意將貝殼作為交換的對價；而所謂「信任」它有價值，則係相信貝殼在現在和未來仍然會具有交換的能力。比特幣亦是如此，故在比特幣取得世人的「同意」和「信任」前，比特幣問世之初的價格趨近於 0，且無任何人以此作為交易的媒介。直到 2010 年的 5 月 22 日，一名工程師用 10,000 顆比特幣換到了兩盒披薩，自此完成了以比特幣兌換真實物品的第一筆交易[8]，亦使人們開始相信並同意比特幣的交換價值。此次事件受到當時媒體的關注並大肆報導，使比特幣的用戶

此時應以何者的紀錄為主則產生所謂的「分叉」，解決的辦法則係依比特幣系統的設定，各節點須選擇最長或具有最大工作量證明的鏈來進行共識的確認，並在與下一個區塊成鏈後排除其他未被確認和成鏈的分叉節點來解決可能因分叉而產生的重複消費問題。

[7]　陳榮傳（2020），〈約定貨幣：問比特幣為何物？〉，《月旦民商法雜誌》，頁 6。

[8]　動區動趨 BlockTempo（2020），〈小故事｜比特幣 Pizza 日的由來？一個工程師花 1 萬 BTC 買披薩(現值 30 億)〉，https://www.blocktempo.com/bitcoin-pizza-day-event-may-twenty-second/（最後瀏覽日：2021/03/14）。

數量也就此急速增加,隨著對於比特幣的需求量及挖礦者數量和信任度的增加,比特幣的價格也應聲水漲船高。

而由於比特幣係附著於區塊鏈上之虛擬通貨,雖因前述區塊鏈分散式帳本技術的運作而使用戶之交易紀錄被公開並具有不可竄改性,但由於前述非對稱密碼系統的數位簽章方式,使得交易得以匿名進行,故他人僅可從紀錄知悉錢包之位址(address)而無法追溯到交易用戶的真實身份[9],且由於區塊鏈網路分散全球,透過前述的匿名性,不法份子可以透過開通多個比特幣錢包的方式,甚至與其他虛擬通貨進行交換,進而迅速分散轉移所持有之比特幣。因此,縱使執法單位可追蹤比特幣的流向,卻無法確定該錢包持有人之身份及所在地,更遑論還有進一步國際管轄等問題。基此,隨著比特幣交易價值的提升,圍繞著比特幣所生之不法行為如洗錢等犯罪也油然而生,如不妥善處理,或對金融秩序產生巨大的負面影響,故本書認為有正視此問題並加以監管的必要。

第二項　研究目的

傳統上,洗錢防制係以金融機構和特定之非金融機構人員作為其監管之對象,但由於前述區塊鏈去中心化的本質,故在區塊鏈的想像中,並不存在扮演中心化金融機構的角色,甚至可以說只要有網路人人都可以是金融機構。基此,以往要求金融機構應踐行的客戶身份調查、可疑交易申報、內稽內控等洗錢防制監管架構,亦因無法確定義務主體而難以施行。

---

[9] 林盟翔(2017),〈數位通貨與普惠金融之監理變革——兼論洗錢防制之因應策略〉,《月旦法學雜誌》,267 期,頁 36。

　　惟目前現有去中心化生態的技術尚未成熟，虛擬通貨的交易、移轉仍無法完全建立在去中心化的理想基礎上，例如比特幣每筆交易經礦工驗證所需驗證的時間約為 60 分鐘[10]，仍遠遜於透過銀行等中介機構轉帳的交易速度，故不法份子如欲有效率地將比特幣等虛擬通貨轉換為法定貨幣，仍須以類似傳統金融機構的中介角色——即虛擬通貨服務提供商作為媒介[11]。防制洗錢金融行動工作組織（Financial Action Task Force，下稱「FATF」）亦將此視為區塊鏈虛擬世界與真實世界連接的節點而納管，惟究竟如何認定虛擬通貨服務提供商，以及所欲監管的虛擬通貨範圍，甚至是相關的反洗錢義務應如何適用在虛擬通貨服務提供商均有待釐清。基此，FATF 即於 2019 年所舉行之國際反洗錢大會，發表針對此種透過交易所進行比特幣洗錢之應對措施，包含新增第 15 項建議之解釋性註釋，並提供各國和虛擬資產服務提供商（Virtual Asset Service Providers）「基於風險方法的虛擬通貨反洗錢管制指南」（Guidance for a Risk-Based Approach to Virtual Assets and Virtual Asset Service Providers）等指引，以利各國一同防堵。

　　惟 FATF 所提供者，畢竟仍是框架性的監管架構，因此各國對於 FATF 於前者所提之監管架構，究竟該如何實踐？以及實踐的成效如何？並融入自身的監管體系則不無疑問，有鑑於自 FATF 所提之規範建議及反洗錢風險管制指南已時過兩年，且後續亦於 2020 年以及 2021 年分別發佈了兩份回顧指引，希望各國得藉此得以更具體地認識虛擬通貨交易所帶來的洗錢風險，並共同建立有效的監管措施。然國際間對於虛

---

[10] CTO Talk（2018），〈比特幣太肥太慢，閃電網路要成為數位貨幣的新架構〉，https://www.ithome.com.tw/people/124614（最後瀏覽日：2021/04/25）。

[11] 楊岳平（2020），〈金融科技時代下的金融監管挑戰：論虛擬通貨交易平台的監管架構〉，《臺大法學論叢》，49 卷特刊，頁 1321-1322。

擬通貨的洗錢防制監管雖持續積極著手健全，仍因各國之民情及對於虛擬通貨態度之不同，而尚未有一體適用之監管制度，故本書之研究目的，係希望藉由統整 FATF 的各項指引、建議，對於參與虛擬通貨活動而應納入監管之主體、客體範圍，及其所應負擔之義務有所認識，並參考目前積極搶攻世界經濟龍頭的美國和中國二地之監管實務及法律制度，從而內視與我國相關制度之異同或不足之處。

第二節　研究方法

本書係以「比較研究法」及「文獻回顧研究法」進行議題之研究及分析，以下簡要之：

一、比較研究法

有鑑於各國對於加密貨幣之洗錢防制規範及意見，尚處於百家爭鳴而無統一態度之狀態，且我國對於虛擬通貨相關之洗錢防制規範，亦仍有不足之處。為提出於我國具體可行且符合國際標準之立法建議，故本書將透過蒐集國內外之相關文獻、立法規範及國際組織之意見指引等資料，確實掌握國際對虛擬通貨洗錢防制之規範趨勢，將之進行綜合整理，並對照國內之相關法律規範後，分析兩者之差異及利弊得失，以作為文末對於我國立法建議及檢討之依據。

二、文獻回顧研究法

除前述比較法研究外，為期本書能以更宏觀、全面之視野進行議題之分析，故對於國內外之專書、期刊、論文、政府公開資料、報告意見書、指引、建議、聲明等文獻，本書亦會著手蒐集、分析，並透過脈絡化地整理我國洗錢防制規範之立法沿革及虛擬通貨監管之相關政策，俾利了解我國目前規範上之不足及缺漏，進而提出我國現行法規範層面之再檢討與建議。

第三節　研究架構

本書分為五章，於第一章介紹本研究之動機與目的，並為聚焦所欲探討之議題，故亦於本章說明研究之架構，與研究範圍及其限制。

第二章介紹以 FATF 為中心的虛擬通貨洗錢防制規範，本章首先整理 FATF 的規範體制、組織及發展重點，以該組織對傳統洗錢行為的定義、處置階段區分及其區分實益為銜接，帶出以虛擬通貨為主之新興洗錢型態，並透過該組織於 2019 年所舉行之反洗錢大會公開聲明為開端，介紹該組織對此種新興型態洗錢行為的應對措施，包含對 40 項標準建議（The FATF Recommendations）之修正，和針對虛擬通貨和交易所監管範圍所發佈的各項指引。

第三章則介紹主要國家對 FATF 所提出之架構性規範之具體實踐情形，礙於篇幅及語言限制，本書將以美國、中國為例。蓋美國既為 FATF 於 2018 年的輪值主席國，且 FATF 在反洗錢的管制上亦係以美國作為其架構之軀幹，故對於美國之具體規範有其探討之必要；而中國

則為 2019 年接替美國之輪值主席國，同時亦為世界第二大經濟體，其對虛擬通貨之態度亦對市場有重大之影響，但該國長久以來卻被各界認為係「反虛擬通貨」等加密資產之代表，故就中國對於虛擬通貨活動之監管措施亦有探究之必要。

第四章除介紹我國洗錢防制法制之發展沿革，以及目前境內虛擬通貨活動現況外，並就我國虛擬通貨洗錢防制政策所面對的發展困境進行說明，最後在統整第二、三章 FATF 及外國立法政策後，比較我國現行法規範之異同或不足之處，對我國未來虛擬通貨交易之相關監管制度提出檢討與建議。

第五章則係歸納本書各章節之研究結論。

第四節　研究範圍與限制

所謂「虛擬通貨」（Virtual Currency），國際間目前並無統一的法律上定義，然本書的研究目的既係對我國虛擬通貨的洗錢防制監管提出建議，故在定義上即以我國於 110 年所發佈的「虛擬通貨平台及交易業務事業防制洗錢及打擊資恐辦法」為標準，「指運用密碼學及分散式帳本技術或其他類似技術，表彰得以數位方式儲存、交換或移轉之價值，且用於支付或投資目的者。但不包括數位型式之新臺幣、外國貨幣及大陸地區、香港或澳門發行之貨幣、有價證券及其他依法令發行之金融資產。[12]」基此，本書所提到的「虛擬通貨」，係指如比特幣此種可進行價值交換、移轉、儲存並建構在「區塊鏈架構上的幣」，而排除其他非

---

[12] 此定義是否妥適仍有爭議，詳細請參本書後述。

基於區塊鏈架構，且無法與現實世界進行價值交換的封閉式虛擬通貨。

惟在「中本聰論文」中所描述的僅係如何藉由他所建構的分散式帳本清算機制，來實現去中心化以及避免重複花用的支付情境而已，且亦未提到「比特幣」這種「幣」或「通貨」，按其對「比特幣」的描述「A Peer-to-Peer Electronic Cash System」，「比特幣」所指的應是一種「系統」[13]，而現今用於買賣、移轉價值的「比特幣」，僅是「比特幣系統」設定給特定系統參與者的獎勵，以創造礦工維護系統的誘因[14]。基此，儘管後來比特幣被礦工 Laszlo Hanyecz 用於交換現實世界中的 pizza，仍非「中本聰論文」對「比特幣」的預設用途，且縱使在此之後比特幣得以作為人們用於交易的媒介而具有了交換價值的功能，但並非具有交換價值即屬貨幣。

所謂的「通貨」，傳統上係指在社會經濟活動中作為流通手段的貨幣，簡單來說，指的是由政府所發行的紙幣與硬幣而言，而要被認為是貨幣，應具有「普遍之信任」，且至少應具備（1）交換媒介功能：作為普遍共同同意的支付工具；（2）價值標準功能：作為普遍認同的計價單位；（3）價值儲藏功能：具有儲藏「未來購買力」的能力[15]。時至今日雖確實有人將虛擬通貨視作貨幣並當作交易的媒介，惟一旦脫離區塊鏈信仰者或用戶之群體，即欠缺作為貨幣所應具備的 3 項功能且缺乏普遍性，我國央行亦認為虛擬通貨並非依中央銀行法第 13 條所稱由中央銀行所發行的貨幣[16]，故對於國際及我國央行而言，比特幣此種虛

---

[13]　Jollen Chen（2013），〈BITCOIN 來自何處？〉，《遠播資訊股份有限公司》，266 期，頁 18。

[14]　前揭註 2，頁 26。

[15]　前揭註 2，頁 46。

[16]　中央銀行及金融監督管理委員會（2013），〈比特幣並非貨幣，接受者務請注意風險承擔問題〉，http://www.cbc.gov.tw/ct.asp?xItem=43531&ctNode=302（最後瀏覽日：2017 年 10 月 14 日）。

擬通貨在普遍情況下並不具備「通貨」的完整功能，故前述比特幣與 pizza 的交易，本質上亦僅被認為是以物易物的概念而已[17]，是以，國際上在文字上的使用也基於前述原因已陸續以「虛擬資產」（Virtual Asset）替代「虛擬通貨」（Virtual Currency）[18]。惟再次強調，本書之目的係為對我國虛擬通貨的洗錢防制監管提出建議，為避免定義上的混淆，本書仍係以我國習慣的「虛擬通貨」來稱呼「區塊鏈架構上的幣」。

而對於通貨的監管，國際上多以虛擬通貨的用途作為監管的分類，如瑞士金融市場監理局（FINMA）即將虛擬通貨大致分為支付型、工具型、資產型虛擬通貨並為不同程度之監管，新加坡金融管理局（MAS）亦採類似作法。查本書係以 FATF 和美國進行比較法之研究，且我國反洗錢制度之建構亦係以 FATF 為參考，惟觀 FATF 雖係由全球多國共同組成，其監管之推動仍係由美國進行主導，甚至可以說是將美國的監管體系過渡到 FATF 並使國際遵守該規則，因此，本書將以美國對於虛擬通貨的區分來進行本書虛擬通貨範圍的限縮。

美國對於虛擬通貨並無前述之 3 種分類，依 SEC 過往之宣示，由於美國的監管架構係將重心著重在「證券」的監管，故在區分上僅有證券型虛擬通貨以及非證券型虛擬通貨之分類，並同樣以傳統上判斷是否為有價證券（投資契約）的 Howey test[19]，適用於虛擬通貨的領域，以此判斷該虛擬通貨是否屬於有價證券而被納為證券型虛擬通貨。如一虛

---

[17] 前揭註 2，頁 28-29。

[18] 前揭註 2，頁 46-47。

[19] Howey test 認為投資契約應具備下列三個要件：（1）投資金錢（The Investment of Money）：此處金錢不限於法幣，而擴及於任何對價；（2）共營事業（Common Enterprise）：概念上係指共負盈虧；（3）可合理預期從他人的努力中獲得利益（Reasonable Expectation of Profits Derived from Efforts of Others）。

擬通貨依 Howey test 被認為係證券性質，則由 SEC 負責監管；至於比特幣此類非證券性質虛擬通貨的部份，美國一般將其認為是「商品」並依其產業所涉及的業務不同而各自規定有相應職能的主管機關負責監管，惟當該「商品」一旦具有相當於貨幣之價值並進行價值之移轉、交換時，則會基於「銀行保密法」（Bank Secrecy Act）之規定，而將從事相關業務之法人或自然人規類為「金融服務商」（Money Services Business）並課予相關的反洗錢義務。

　　查我國「虛擬通貨平台及交易業務事業防制洗錢及打擊資恐辦法」將有價證券排除於虛擬通貨洗錢防制監管範圍外，故亦當然排除前述具有價證券性質的證券型虛擬通貨。基此，本書將研究標的限縮在非證券性質且建構在區塊鏈上的「虛擬通貨」，而為聚焦研究之重點，本書之研究範圍亦僅限虛擬通貨洗錢防制之前端，如主體、客體、行為態樣和受規範主體所應盡義務，而不及於後端不法資金沒收，和受規範主體違反義務之處置部份，此為本書研究之限制。

第二章　以 FATF 為中心的虛擬通貨洗錢防制規範

　　自二戰後，隨著國際間的金融、貿易與交通往來日發頻繁，也使得洗錢問題日益嚴重，蓋洗錢所影響者，除妨害國家秩序及干擾犯罪偵查外，亦會有鼓勵犯罪及對金融機構和社會信用，帶來經營與法律風險而危害重大[1]，故在此基礎下，各國也逐漸重視全球化的跨國洗錢問題，且因此種洗錢涉及國際管轄等主權問題，已非靠單一國之力量得以防堵[2]，故各國亦積極建立多邊性的洗錢防制規定及相關國際組織，如聯合國、FATF、艾格蒙聯盟（EG）、巴賽爾銀行監理委員會（BCBS）等皆一同投入洗錢防制的工作，其中 FATF 所發佈的許多準則及建議（如 FATF 40 項建議及風險管制指南將於本章第二節三項及第三節詳述），我國於 2018 年對於洗錢防制法的修正亦是遵照 FATF 所發佈之建議而為之，且 2019 年 6 月於日本福岡市所舉辦的 G20 財長會議，為打擊洗錢犯罪及資恐等犯罪，亦同意將全面、有效並迅速地執行 FATF 所發佈的各項指引與建議[3]。基此，本書即以 FATF 之組織體制與發展為起點，說明以 FATF 為中心之洗錢防制規範。

---

[1] 李聖傑（2017），〈洗錢罪的可罰基礎與釋義〉，《新洗錢防制法——法令遵循實務分析》，元照，頁 36。

[2] 蔡佩芬（2009），〈反洗錢國際組織與司法互助議題〉，《高大法學論叢》，5 期，頁 53。

[3] *Communiqué,G20 Finance Ministers and Central bank Governors Meeting, Fukuoka.*, MINISTRY OF FINANCE. JAPAN, *available at* https://www.mof.go.jp/english/international_policy/convention/g20/communique.htm (last visited MAR. 14, 2021).

第一節　FATF 組織體制與發展重點

　　FATF 係於 1989 年由 G7[4]在巴黎所成立的全球第一個跨國洗錢防制的國際組織[5]，其目前 FATF 有 39 個正式會員、1 個觀察員及數個附屬會員與觀察組織，而附屬會員作為隸屬於 FATF 的區域性洗錢防制組織，成員係由含亞太反洗錢小組（APG）在內共 9 名所組成[6]，目的在於協助其會員國接受與履行 FATF 所制定洗錢相關之建議、指引和國際標準，我國則以「中華臺北」（Chinese Taipei）作為 APG 之創始會員之一，並以 APG 會員之身份參與 FATF 的相關會議活動[7]。該組織的目的是為強化洗錢防制之執行、制定有效之國際標準、穩定國際之金融體系並加強國際間之合作，同時審核各國對於洗錢防制所採取的管制措施是否符合國際標準[8]，並透過會員國間相互評鑑的制度評估各國之間執行反洗錢措施之成效，以及基於評鑑結果評估成員國所建立之反洗錢措施是否得以有效防堵及辨識洗錢之不法行為[9]。

---

[4]　七國經濟高峰會，分別為加拿大、法國、德國、義大利、日本、英國及美國。

[5]　*History of the FATF*, FATF, *available at* http://www.fatf-gafi.org/about/historyofthefatf/ (last visited MAR. 14, 2021).

[6]　*Members and Observers*, FATF, *available at* http://www.fatf-gafi.org/about/membersandobservers/ (last visited MAR. 14, 2021).

[7]　法務部調查局洗錢防制處（2019），〈工作概述〉，https://www.mjib.gov.tw/EditPage/?PageID=3d43 6d3b-b3e0-4374-8834-1f1fc06faee7（最後瀏覽日：2021 年 3 月 25 日）。

[8]　*What we do*, FATF, *available at* http://www.fatf-gafi.org/about/whatwedo/ (last visited MAR. 14, 2021).

[9]　柯宜汾（2017），〈國際反洗錢規範與我國對應之政策方向〉，《新洗錢防制法法令遵循於實務分析》，楊雲樺、王文杰主編，元照出版社，頁 121-122。

第二節　傳統反洗錢管制

第一項　洗錢行為之定義

何謂「洗錢」？按 FATF 之定義[10]，係指行為人為使透過非法販賣武器、走私、詐騙、內線交易、販毒等不法行為所獲取之利益，即俗稱的「髒錢」，得以在日常經濟活動中使用，所進行的一種為不法收益偽裝並躲避機關追查的行為。

而洗錢之概念最早出現於 1988 年的《禁止非法販運麻醉藥品和精神藥物公約》[11]，按該公約第 3 條 1 項 b 款與 c 款之內容，認為洗錢行為係指明知財產得自按本款（a）項[12]確定的任何犯罪或參與此種犯罪的行為，且為了獲取、佔有或使用該非法來源的財產，或為了協助任何涉及此種犯罪的人逃避追訴而隱瞞或掩飾該財產的真實性質、來源、所在地、處置、轉移、相關權利或所有權。此公約雖未直接使用「洗錢」（money laundering）之文字，惟依其描述仍可認係第一個將洗錢行為

---

[10] *What is Money Laundering*, FATF, *available at* http://www.fatf-gafi.org/faq/moneylaundering/(last visited MAR. 14, 2021).

[11] 又名《維也納公約》。

[12] （a）款犯罪係指：

（一）違反《1961 年公約》、經修正的《1961 年公約》或《1971 年公約》的各項規定，生產、製造、提煉、配製、提供、兜售、分銷、出售、以任何條件交付、經紀、發送、過境發送、運輸、進口或出口任何麻醉藥品或精神藥物；

（二）違反《1961 年公約》和經修正的《1961 年公約》的各項規定，為生產麻醉藥品而種植罌粟、古柯鹼或大麻植物；

（三）為了進行上述（一）目所列的任何活動，佔有或購買任何麻醉藥品或精神藥物；

（四）明知其用途或目的是非法種植、生產或製造麻醉藥品或精神藥物而製造、運輸或分銷設備、材料或表一和表二所列物質；

（五）組織、管理或資助上述（一）、（二）、（三）或（四）目所列的任何犯罪。

明文定為犯罪的公約。

　　聯合國於 2000 年通過的《巴勒莫公約》[13]，係針對猖獗的組織犯罪所作成，惟該公約第 6 條對於洗錢行為的定義，與前述《維也納公約》第 3 條之用語並無太大區別，僅係於同條第 2 項中要求各締約國應將洗錢罪適用於範圍最廣泛的前置犯罪，並由各締約國共同決定其範圍。

　　由此以觀，FATF 對於洗錢之定義並未與上述公約之定義有太大之歧異，僅於 40 項建議的第 3 項建議的解釋性註釋中[14]，提供成員國就前置犯罪立法技術上的選擇，並將洗錢之前置犯罪類型予以擴大，包括：（1）全部犯罪行為；（2）列舉前置犯罪之列舉型；（3）以法定刑或犯罪種類為門檻之門檻型；（4）混合前三種之混合型。惟採取門檻型或混合型立法者，則前置犯罪應包含（1）依國內法屬重大犯罪類型；（2）最重本刑為一年以上有期徒刑之罪；（3）最輕本刑為六個月以上有期徒刑之罪。

　　綜上所述，除對於洗錢行為前置犯罪的範圍擴大，以及後續立法技術上的修正外，國際間對於洗錢之定義並未有太多之修改，只要滿足意圖、掩飾、取得或佔有不法利益三要件之一，即可被認為是一洗錢行為[15]。

---

[13] 又名《聯合國打擊跨國有組織犯罪公約》。

[14] *Interpretive note to recommendation 3*, FATF Recommendations (2020), *available at* http://www.fatf-gafi.org/media/fatf/documents/recommendations/pdfs/FATF%20Recommendations%202012.pdf (last visited MAR. 14, 2021).

[15] 王皇玉（2013），〈洗錢罪之研究──從實然面到規範面之檢驗〉，《政大法學評論》，第 132 期，頁 217。

第二項　洗錢行為之處置階段與區分實益

　　按 FATF 對洗錢階段的區分[16]，可分為處置階段（Placement or Initial）、多層化階段（Layering）、整合階段（Integration），有鑑三階段越到後期，監管單位越難追查，所需要花費的成本也越高，故將洗錢行為進行階段性的區分，即可使監管單位及立法者可針對各階段所可能面臨的風險予以更細緻化的防堵。

第一款　處置階段（Placement）

　　此階段係指行為人將「黑錢」置入合法經濟體系的過程，而作為洗錢行為的第一階段，目的是將大筆資金自取得處移走並避免引起監管單位之注意，由於此時金流上與前置犯罪間有較緊密之關聯，故傳統上是最容易被發現與追蹤到的階段[17]，常見手法有透過合法金融機構，如將大額資金拆分為多筆小金額並多次存入單一或不同的金融機構人頭帳戶者；有透過貨幣走私（currency smuggling）者，此種方式最初是透過行為人或其同夥以物理移動的方式將現金攜帶至洗錢防制要求較鬆散的國家，以進行多層化的操作[18]；亦有藉由支付地下錢莊或虛設公司手續費或抽成，而進行地下匯兌將「黑錢」移出境外者。

第二款　多層化階段（Layering）

　　在「黑錢」透過處置階段進入到經濟體系後，行為人透過「黑錢」

---

[16] *How is money laundered*, FATF, *available at* http://www.fatf-gafi.org/faq/moneylaundering/(last visited MAR. 14, 2021).

[17] 汪毓瑋、王寬弘、張維平、孫國祥、柯雨瑞、許義寶、蔡裕明（2012），《跨國（境）組織犯罪理論與執法實踐之研究——分論》，頁 5，元照出版公司。

[18] 黃淑雯（2019），〈我國洗錢防制機制及法令遵循之研究——以金融產業為中心〉，國立臺北大學法律學系碩士論文，頁 16。

的一系列兌換、移轉來模糊「黑錢」的來源，以達到前述公約所提到隱瞞或掩飾之效果[19]。

此階段之「黑錢」多透過向金融機構購買有價證券及金融商品等投資工具，或透過其在全球各地不同銀行的人頭帳戶進行跨境移轉，由於此種方法涉及國際管轄，故僅能靠跨國合作的方式進行追查，而考量到各國的合作意願及是否有簽署合作協議均會影響追查「黑錢」之難度，並增加「黑錢」無法匯回本國之風險[20]；且各國對於洗錢防制意無統一之規範，故在多層化階段，行為人多以此種方式進行洗錢之行為。

第三款　整合階段（Integration）

作為洗錢行為的最終階段，係指透過前兩階段處理不法收益後，將處理過的「黑錢」重新回流至合法經濟體系的階段，在此階段行為人傳統上會選擇以投資房地產、購買珠寶、藝術品等奢侈品，並同時透過投資產業的方式，以合法的外觀使「黑錢」重回合法經濟體[21]。

第四款　小結

有鑑於三階段越到後期，監管單位越難追查，尤其當行為人已將黑錢進入至整合階段甚至已完成整合階段之行為時，則此時監管單位幾乎無法再對行為人所使用之「黑錢」進行追蹤及分辨。基此，就傳統的洗錢部份，國際間對於洗錢行為的管制多著重在處置階段與分層化階段，並透過客戶身份的審查以及建立、保留交易紀錄等方式，防堵行為人隱

---

[19] 劉金龍（2018），〈證券商防制洗錢及打擊資恐實務〉，《證券暨期貨月刊》，36 卷 1 期，頁 18。

[20] 前揭註18，頁 17。

[21] 前揭註 19，頁 5。

藏、掩蓋及模糊「黑錢」之金流軌跡[22]。

惟對於虛擬通貨反洗錢之管制，FATF 卻反其道而行，於 2014、2015 年所發佈關於虛擬通或的風險指引中，選擇以第三階段，即整合階段作為主要監管的階段。原因在於，FATF 認為虛擬通貨交易有別於傳統的金融體系，在虛擬通貨的交易過程中，由於虛擬通貨係在區塊鏈上進行點對點的線上交易，並未有如銀行等第三方中介機構的存在，且虛擬通貨之雙方亦可透過某些管道，隱藏其虛擬通貨錢包之位址與相關資訊而具有更高的匿名性，更重要的是，目前國際間並沒有可用於偵測和識別可疑交易的洗錢防制系統，基此，各國政府難以對虛擬通貨的個別用戶進行追查[23]。

是以，為有效進行虛擬通貨的洗錢防制作業，FATF 於 2015 年的虛擬資產風險指引中，認為至少在短期內，僅與法定貨幣間具有可轉換性之虛擬通貨，會為現實之金融體系帶來洗錢及恐怖融資的風險，且基於上述 2014 年風險指引所提到的用戶匿名性原因，因此建議各國應將虛擬通貨洗錢防制的監管重點，著重在虛擬通貨與法定貨幣間之「節點」，即幫助用戶進行通貨法幣交換的第三方虛擬通貨交易平台和交易所，而非擁有虛擬通貨的個別用戶。且 FATF 此種以虛擬通貨交易平台及交易所作為主要監管對象之見解，直至 2021 年所發佈之各項指引中仍未改變見解[24]。

---

[22] 前揭註 18，頁 18。

[23] FATF, VIRTUAL CURRENCIES: KEY DEFINITIONS AND POTENTIAL AML/CFT RISKS 22. (2014). *Available at* https://www.fatf-gafi.org/media/fatf/documents/reports/Virtual-currency-key-definitions-and-potential-aml-cft-risks.pdf.

[24] FATF, PUBLIC CONSULTATION ON FATF DRAFT GUIDANCE ON A RISK-BASED APPROACH TO VIRTUAL ASSETS AND VIRTUAL ASSET SERVICE PROVIDERS 18 (2021). *Available at* https://www.fatf-gafi.org/media/fatf/documents/recommendations/March%202021%20-%20VA%20Guidance%20update%20-%20Sixth%20draft%20-%20Public%20consultation.pdf.

第三項　FATF 40 項標準建議架構

　　FATF 最早於 1996 年公佈以洗錢防制議題的 FATF 40 項建議，然於 2000 年時發生 911 恐攻事件，並在後續調查中得知，係恐怖組織之所以能掌握用以發動恐攻的龐大資金，係因全球金融體系未有一套確實之監管制度，故 FATF 於 2001 年再頒佈與資恐有關的 9 項特別建議（FATF IX Special Recommendations），一般統稱為 40＋9 項建議[25]。後續 FATF 於 2012 年時將此 40＋9 項建議重新整合為 FATF 40 項建議，而至 2021 年止亦經歷過數次修正，同時對各項建議之解釋性註釋進行調整，現 FATF 40 項建議共分為 7 部份，分別為（一）洗錢防制及打擊資恐政策與協調、（二）洗錢與沒收、（三）資恐、（四）預防措施防制、（五）法人與法律協議的透明度及受益所有權、（六）主管機關的權責與其他制度化措施、（七）國際合作[26]，本書於本項就 FATF 40 項建議之介紹，將以前述七部份合併各項建議之解釋性註釋，進行架構式之說明：

第一款　洗錢防制及打擊資恐政策與協調（第 1-2 項建議）

　　此部份係為確保各國得以最有效資源分配的方式進行降低洗錢及恐怖融資風險，故要求各會員國應識別、評估及了解本國的洗錢與恐怖融資風險並採取相應的措施[27]，且要求各國應就已識別的風險，制定全國

---

[25] 蔡佩玲（2020），〈財團法人之聲譽、法遵與控險——從洗錢防制與打擊資恐之國際發展趨勢出發〉，《月旦會計實務研究》，36 期，頁 21。

[26] 財團法人台灣金融研訓院（2018），〈我國防制洗錢及打擊資恐政策與法令〉，初版五刷，頁 31-32。

[27] FATF, The FATF Recommendations (2020), Recommendation 1, available at http://www.fatf-gafi.org/media/fatf/documents/recommendations/pdfs/FATF%20Recommendations%202012.pdf.

性且足以打擊洗錢及恐怖融資之政策，並確保該政策具備有效協調全國各主管機關、自律組織、金融與特定非金融行業間的合作機制[28]，同時指定一個機構負責督導、檢視相關政策[29]。

第二款　洗錢與沒收（第 3-4 項建議）

　　該部份要求各國應以《維也納公約》與《巴勒莫公約》為基礎，將洗錢行為予以罪刑化，同時各國亦應將洗錢犯罪適用於所有的重大犯罪案件[30]，且為增加洗錢犯罪之前置犯罪的涵蓋範圍，第 3 項建議的解釋性註釋即提供各國數種的立法選擇，並要求各國亦應將洗錢犯罪之未遂、共同正犯（包含共謀共同正犯）、共犯（教唆、幫助）納入罪刑化之一環[31]。同時，各國亦應透過立法，在保障善意第三人權利的情況下，將（1）犯罪之所得、（2）犯罪之工具、（3）所得之替代物，予以凍結、扣押或沒收，且前述之保全、追徵措施在符合該國法律之前提下，不待行為人受刑事確定判決即可為之[32]。

第三款　資恐（第 5-8 項建議）

　　要求各國應立法將資恐罪刑化並納入洗錢犯罪之前置犯罪，資恐無須與特定恐怖分子或恐怖行動連結，並包括所有對於恐怖組織、行動或個別恐怖分子之資助行為[33]（包括資金及其他資產[34]）；同時要求各國

---

[28] *Id.* Interpretive note to recommendation 1.

[29] *Id.* Recommendation 2.

[30] *Id.* Recommendation 3.

[31] *Id.* Interpretive note to recommendation 3.

[32] *Id.*

[33] *Id.* Recommendation 5.

[34] *Id.* Interpretive note to recommendation 5.

應遵循聯合國安理會所作成的決議，並配合毫不延遲地凍結決議所指定的個人或團體之資金或其他資產，並應確保沒有任何其他個人或團體得以直接或間接使用該等資產[35]。

同時為避免 FATF 建議 8 解釋性註釋中所定義的「非營利組織」[36]，遭恐怖組織偽裝成合法組織，並利用其作為規避財產凍結及隱匿資金移轉的工具，故要求各國亦應對其境內的「非營利組織」進行有效並以風險為基礎的監督、管理及調查[37]。

第四款　預防措施防制（第 9-23 項建議）

此部份則各項針對反洗錢及反資恐的各項措施，大致可分為：

第一目　針對金融機構的預防

（1）一般審查

FATF 首先要求各國之金融機構保密法不得妨害 FATF 建議及相關指引的實施[38]，且各國之金融機構應禁止任何人以匿名、假名開設帳戶並持有之，且在（1）客戶與金融機構建立業務關係、（2）發現疑似洗錢行為、（3）對客戶資料真實性存疑或（4）進行超過指定金額門檻（1,5000 美元或等值金額[39]）的轉帳時，即應對該客戶進行客戶盡職調查（Customer Due Diligence,下稱 CDD），有關 CDD 的執行應透過（1）可靠、獨立的來源和資料、（2）以合理措施驗證並辨識實質受益人、（3）查明客戶建立業務之目的、（4）持續追蹤並審查交易之合法

---

[35] *Id.* Recommendation 6；*Id.* Recommendation 7.

[36] 係指「以慈善、宗教、文化、教育、社會、友愛為目的，而為籌資或其他慈善行為的法人或組織。」

[37] *Supra* note 27, Interpretive note to recommendation 5.

[38] *Id.* Recommendation 9.

[39] *Id.* Interpretive note to recommendation 10.

性，以上四步驟若金融機構已依風險方法調整仍無法對客戶進行驗證，則應考慮禁止其開戶、關閉帳戶，並考慮陳報可疑交易報告[40]。同時，FATF 亦要求，若客戶係來自被 FATF 歸類為「高風險國家」之人（包含自然人與法人），則應施行更高強度之審查[41]，且前述之客戶調查亦可委由可信賴的第三方進行，惟金融機構須確保協力之第三方亦得即時、正確地取得審查相關之必要資訊，且對於委由第三方協力之事項，金融機構仍應負最終責任[42]。

（2）特別審查

而針對金融機構之客戶，係來自國外的政要政制職務人士及其家庭成員與關係密切之人（包含男女朋友、機要秘書、特助、司機等）[43]，或本身即有從事跨境匯款業務之機構[44]，FATF 要求除應踐行前述之一般審查外，尚須依風險機制評估洗錢風險，並要求在獲得各機構之高階主管同意後始得進行交易，同時亦應採取合理措施確保資金來源的合法性[45]。

（3）內控與資訊回報

建議 16 要求各國應確保客戶在進行電匯時，應遵守「Travel rule」（旨在透過保留資金轉移的發送人和受款人的信息記錄，幫助執法機構調查洗錢和其他金融犯罪，包含匯款人的姓名、帳號和地址及受

---

[40] *Id.* Recommendation 10.

[41] *Id.* Recommendation 19.

[42] *Id.* Recommendation 17.

[43] *Id.* Recommendation 12.

[44] *Id.* Recommendation 13.

[45] *Id.* Recommendation 12.

款人的姓名和帳號）的規則，以確保匯款人與受益人資訊之正確性[46]，且當各金融機構懷疑某些資金有洗錢或資恐疑慮時，無論金額大小均應即時地向該國依前述第二項建議所設之「金融情報中心」（我國金融情報中心為法務部調查局）陳報[47]，金融機構亦應將該等可疑資訊提供給境內外之分支機構及子公司。同時，為鼓勵對可疑交易的陳報，金融機構之董事、主管、員工如係忠實地陳報可疑交易給金融情報中心，縱其不確定可疑的行為為何，或是否真有發生犯罪行為，陳報人均應免除其任何的民事與刑事責任[48]。

第二目　針對特定非金融機構的預防

此部份要求對於如律師、公證人、貴金屬與寶石商及其客戶、不動產仲介、賭場顧客等「指定之非金融事業或人員」（Designated Non-Financial Businesses and Professions，DNFBPs），亦有前述一般審查之適用[49]。

第三目　新技術之預防

此部份 FATF 要求各國之金融機構對於新開發之產品和業務（包括新的交付機制），以及現有產品之新應用，應在其啟用或應用前，對其進行風險評估，並應採取適當措施管理和降低可能帶來之風險[50]。

第五款　法人與實質受益人辨識（第 24-25 項建議）

按 FATF 對「實質受益人」（Benefitial Owner）的定義[51]，係指

---

[46] *Id.* Recommendation 16.

[47] *Id.* Recommendation 20.

[48] *Id.* Recommendation 21.

[49] *Id.* Recommendation 22. ; *Id.* Recommendation 23.

[50] *Id.* Recommendation 15.

[51] *Id.* Interpretive note to recommendation 10.

「對與客戶進行之交易或對代為進行交易之自然人具有最終控制權之人，亦包括對法人或協議可行使最終有效控制權之人，包括對該法人擁有超過 25%股份之人。」且僅自然人可為「實質受益人」，蓋法人雖為一經濟實體，惟仍須由自然人直接或間接行使其權利。

　　此即要求各國應強化防止法人被利用於洗錢的監管制度，並應對前述建議 10 解釋性註釋所定義「實質受益人」，以及各委託人、受託人和受益人進行有效的識別[52]，且為確保主管機關在必要時得即時取得「實質受益人」之正確且最新之資訊，亦要求各國應要求其國內所有公司，進行包含公司名稱、章程、地址、董事名單、股東成員及持股數量與種類等之設立登記，並應在資訊有更動時要求公司在合理期間完成變更登記[53]；針對允許發行無記名股之國家，FATF 則要求應建立更嚴格有效之監管制度，如進行股票之數位化以識別股東身份、由中介機構持有該等不記名股以控制流動性，以及要求主要控股之股東定期向持股公司報告並記錄其身份，且無論是否為允許發行無記名股之國家，前述資訊均應保存至少五年[54]。

第六款　主管機關權責與制度化措施（第 26-35 項建議）

　　此部份要求各國應對金融機構與指定之特定非金融機構進行監管，同時亦要求主管機關應建立有效之執法措施。

　　就金融機構監管部份，要求各國應採取以風險為本的管理方法，定期或不定期地審視金融機構之風險情形、制度、內控和相關程序，以確

---

[52]　Id. Recommendation 25.

[53]　Id. Interpretive note to recommendation 24.

[54]　Id.

保各金融機構對於洗錢風險之掌控具備相當之強度[55]。同時，對於提供匯款、金錢價值兌換之金融機構或其他法人及自然人，亦應建立執照登記制度[56]，以確保建立有效的監管系統[57]。

就特定非金融事業或人員之部份，分為賭場及賭場以外之指定非金融事業。對於賭場之監管，FATF 要求應建立執照制度，且主管機關應確保賭場在反洗錢及反資恐制度上受到有效之監督，並應防止不法份子成為其「實質受益人」，或擔任經營管理者之角色；另就賭場以外之指定非金融事業，亦應基於所評估之洗錢風險高低，對其進行以風險為本之不同程度之有效監管。

再就主管機關執法制度之建立，則要求各會員國應建立全國性的情報中心，負責接收和分析，與可疑交易及其他可能與洗錢及其前置犯罪和資恐相關的資訊[58]，並就相關資訊進行全面性的統計[59]。同時，亦應立法使負責監管之主管機關，具有足夠的權力對金融機構及特定非金融機構，進行監督並確保其能遵循反洗錢及反資恐之要求，且在必要時主管機關亦有對該等機構實施吊銷、限制及中止其執照之權力[60]。而就牽扯較大犯罪收益的案件，有關主管機關應主動進行調查，並對可疑之資產及犯罪所得進行即時且迅速的沒收和扣押，而為使主管機關得以確實執行前述之沒收和扣押[61]，FATF 要求各國應確保調查機關得以運用如

---

[55] *Id.* Interpretive note to recommendation 26.

[56] *Id.* Recommendation 14.

[57] *Id.* Recommendation 26.

[58] *Id.* Recommendation 29.

[59] *Id.* Recommendation 33.

[60] *Id.* Recommendation 27.

[61] *Id.* Recommendation 30.

便衣調查、竊聽等多元調查技術[62]。

第七款　國際合作（第 36-40 項建議）

　　此部份要求各公約國應立即加入並於國內實施《維也納公約》、《巴勒莫公約》、《聯合國反貪腐公約》、《反恐怖融資公約》，並鼓勵各國適時地批准實施其他相關公約[63]。除公約的批准實施外，亦要求各國應將洗錢和資恐定為可引渡之犯罪，並應制定一套明確、有效且可即時回應他國引渡請求之法律框架和管理系統，同時應避免對引渡之請求設置過於嚴苛之條件。且各國應允許引渡境內之本國國民，而若某國將「雙重犯罪」（Dual Criminality）作為引渡的必要條件，則不論是否兩國均將某一行為認屬同一類犯罪或同一罪名，僅需兩國均對該行為罪刑化，即可視為滿足「雙重犯罪」之要件[64]。

　　最後，FATF 為在全球建立有效之反洗錢及反資恐監管，要求各成員國應在各自之金融監管機構，建立不區分性質與層級之對外窗口，以進行相關資訊的交流與交換（包括該國金融機構內的 CDD 資訊、客戶檔案、交易訊息等），且各國不應因他國所請求之事項涉及財政問題、法律所要求之營業秘密事項、起訴中案件，而拒絕提供資訊上之協助[65]。

---

[62] *Id.* Recommendation 31.

[63] *Id.* Recommendation 36.

[64] *Supra* note 27, Recommendation39.

[65] *Id.* Interpretive note to recommendation 40.

第四項　小結

　　本節首先介紹 FATF 對於洗錢的定義，並區分洗錢的各種階段，並了解區分之實益在於，使各國主管機關得以藉由各階段面臨洗錢及資恐風險的不同，進行更有效的監管資源分配。

　　而面對反洗錢及反資恐的風險，FATF 並提出了 40 項建議以提供各會員國建立兼容的監管框架。依本書前述對 FATF 的說明可知，40 項建議的管制重點，在於要求各國應依本於風險的監管措施，進行識別、評估及採取相應有效的管制措施，並同時強化國內主管機關對於資訊取得、資金保全，及對金融機構與指定之非金融機構事業、人員施以各項強制處分之權力，且要求各國亦應建立金融機構以及相關從事資金匯款事業的執照登記制度。同時為建立全球性的反洗錢及反資恐網絡，FATF 亦要求各國及各金融機構，對於可疑的洗錢及資恐資訊，應建立得以迅速、確實、全面性傳遞、交換的對內及對外窗口，並應對該等訊息進行確實的保存。

第三節　以虛擬通貨為主之新興反洗錢管制

　　隨著以虛擬通貨的洗錢金額及案件增加，且美國聯邦調查局又於 2013 年關閉以比特幣交換偽造護照、禁藥、武器等違禁物，名為「絲綢之路」（Silk Road）的暗網黑市[66]，更彰顯國際對於虛擬通貨洗錢進

---

[66] 鏈聞 CHAINNEWS（2019），〈天網恢恢！又一名暗網比特幣洗錢者被抓了〉，https://www.chainnews.com/zh-hant/articles/438156939322.htm（最後瀏覽日：2021/03/14）。

行監管的迫切性，故 FATF 於 2015 年發佈「虛擬通貨風險基礎方法指引」（Guidance For A Risk-Based Approach Virtual Currencies）[67]，並於 2018 年於 FATF 40 項建議中的第 15 項建議中，新增「虛擬通貨」（Virtual assets，下稱「VA」）和「虛擬通貨服務提供商」（Virtual asset service providers，下稱「VASPs」）兩項定義。

而在 2019 年 6 月 21 日，FATF 發佈第 15 項建議的解釋性說明（INR.15）以及「虛擬通貨及其服務提供者風險基礎方法指引」（Guidance for a Risk-Based Approach to Virtual Assets and Virtual Asset Service Providers），該解釋性說明及指引進一步闡述各國及所納入規範的實體，應如何遵守 FATF 所發佈的相關建議及指引，並適用於 VA 中，以防止不法人士將 VA 濫用於洗錢及恐怖融資[68]。

第一項　FATF 40 項標準建議之修正

第一款　第 15 項建議之修正

依前所述，第 15 項建議原係 FATF 要求各國之金融機構對於新開發之產品和業務（包括新的交付機制），以及現有產品之新應用，應在其啟用或應用前，對其進行風險評估，並採取適當措施管理和降低可能帶來之風險。雖或可認為 VA 及 VASPs，可被原「新業務」和「新產品」之字義所涵蓋，惟為因應各會員國之要求，以及對日益增加以 VA

---

[67] FATF, GUIDANCE FOR A RISK-BASED APPROACH VIRTUAL CURRENCIES (2015), Available at https://www.fatf-gafi.org/media/fatf/documents/reports/Guidance-RBA-Virtual-Currencies.pdf.

[68] *Public Statement on Virtual Assets and Related Providers*, FATF, available at http://www.fatf-gafi.org/publications/fatfrecommendations/documents/public-statement-virtual-assets.html (last visited MAR. 14, 2021).

作為洗錢媒介的趨勢作出回應，故進行對第 15 項建議的修正[69]。

第二款　第 15 項解釋性註釋之修正[70]

為補充第 15 項建議修正的定義，FATF 於第 15 項解釋性註釋要求各國應將 VA 之範圍包含「財產」（property）、「收益」（proceeds）、「資金」（funds）、「資產或其他資產」（funds or other assets）或其他「同等價值」（corresponding value），且各國亦應依建議 1 之指示，按風險為本的方法，對 VA 及 VASPs 進行識別、評估洗錢風險，以確保所採取的反洗錢監管與已識別的風險相匹配。

同時，各國可自行依其本國之情況決定是否開放與 VA 相關之業務，若係採開放之政策，則無論是自然人或法人，各國均應建立對 VASPs 的設立登記制度；而已在該國為設立登記之法人及自然人，若按其先前之登記資料得許其從事 VA 服務相關活動，且該法人或自然人亦已完全履行 FATF 建議所規定之各項義務，對於其施行 VA 相關新業務即不必另為登記。

而為防止不法份子及其同夥利用 VASPs 作為其洗錢及資恐的工具，FATF 要求各國之主管機關應將前述建議 10 至 21 的各項預防措施適用於 VASPs，且以建議 37 至 40 為基礎，建立不區分監管部門性質、層級及對 VASPs 定位之國際合作系統；並應有足夠的權力對 VASPs 進行監管，依第 35 項建議建立一套包含刑事、民事或行政罰的管制措施，且管制的對象亦應包含 VASPs 之董事及高階管理人。

---

[69] *Amendments to the FATF Recommendations to address the regulation of virtual assets*, FATF, *available at* http://www.fatf-gafi.org/publications/fatfgeneral/documents/outcomes-plenary-october-2018.html (last visited MAR. 14, 2021).

[70] *Supra* note 27, Interpretive note to recommendation 15.

第二項　以風險為本的虛擬通貨反洗錢管制措施

新技術、產品，以及因此而生的相關服務，雖然可能為金融服務帶來創新並提升效率，但同時也可能提供不法份子進行洗錢等犯罪之機會，因此為有效應對新技術所帶來的未知性[71]，FATF 也積極地監控與新技術有關的風險，並定期地提出相關風險指引，以利各國得以即時地認識該等風險並採取相關管制措施，FATF 對虛擬通貨之監管部份，亦自 2014 年起發佈了數項風險指引，以利各國得以快速反應因虛擬通貨業務發展所帶來的洗錢及資恐風險。

第一款　相關風險指引發展

隨著去中心化虛擬通貨的出現，且為響應因此而生的相關支付機制的出現，並防免虛擬通貨被犯罪份子用以洗錢，並轉移非法資金以逃避國家的相關制裁措施[72]，FATF 首先於 2014 年 6 月發佈了有關虛擬通貨洗錢和資恐風險之指引（Virtual Currencies Key Definitions and Potential AML/CFT Risks，下稱「2014 年風險指引」），並對虛擬通貨提出了初步的分類及定義；2015 年，由於虛擬通貨的相關業務發展快速，如匿名幣以及去中心化平台和交易所的興起，使得虛擬通貨的金流更加難以辨識，且以虛擬通貨為洗錢分層方案的新興非法融資類型亦相繼出現[73]，FATF 為確定和減輕虛擬通貨和服務所帶來的洗錢及其他相關犯罪的風險，發佈虛擬通貨風險基礎方法指引（Guidance For A Risk-Based

---

[71] FATF, GUIDANCE FOR A RISK-BASED APPROACH TO VIRTUAL ASSETS AND VIRTUAL ASSET SERVICE PROVIDERS 8 (2019). *Available at https://www.fatf-gafi.org/media/fatf/documents/recommendations/RBA-VA-VASPs.pdf.*

[72] *Supra* note 23, at 6.

[73] *Supra* note 71, at 8.

Approach Virtual Currencies）；且 FATF 為進一步闡述，應如何將 FATF 所頒布的 40 項建議，適用於 FATF 分別在 2018 及 2019 年對第 15 項建議所更新的 VA 和 VASPs 此二定義[74]，於 2019 年的 6 月發佈了「虛擬通貨及其服務提供者風險基礎方法指引」（Guidance for a Risk-Based Approach to Virtual Assets and Virtual Asset Service Providers，下稱「2019 指引」），FATF 雖後續為對 VA 和 VASPs 之範圍和各項受監管主體應盡之義務進行調整、評估和明確，而分別於發佈 2020 年及 2021 年發佈「2020 年第一次回顧指引」（12 Month Review of Revised FATF Standards on Virtual Assets and VASPs）及「2021 年第二次回顧指引」(Second 12-Month Review of Revised FATF Standards on Virtual Assets and VASPs)，以及 FATF 於 2021 年 3 月發佈的新一版虛擬通貨指引草案（Public consultation on FATF draft guidance on a risk-based approach to virtual assets and virtual asset service providers，下稱「2021 指引草案」），惟仍係以「2019 指引」為基礎進行修正，故本書亦先以此為討論之主軸進行說明，再以後續發佈的各項指引進行補充。

第二款　2019 虛擬通貨風險指引概述

第一目　指引適用範圍[75]

「2019 指引」之目的在於如何使各國將 FATF 標準，更有效地適用於與 VA 相關之活動與 VASPs 中，故所著重者在於與洗錢及資恐具有較大關聯，亦即 VA 與 VA 間或與法幣之間的轉換。基此，該指引並不處理與 VA 或 VASPs 所帶來的消費者保護、稅收、詐欺、操縱市場、網路安全與金融穩定等相關問題。

---

[74] *Id.*

[75] *Supra* note 71, at 8-14 (2019).

第二目　VA 和 VASPs 之具體定義

（一）虛擬通貨（VA）[76]

虛擬通貨係指係指得以數位方式儲存、交換或移轉之價值，並可以用於支付或投資為目的者。但不包括各國之法定貨幣、有價證券及其他FATF 已於他處有所定義之其他金融資產。

（二）虛擬通貨服務提供商（VASPs）[77]

虛擬通貨服務提供商係指為他人從事下列活動，且不區分為法人或自然人，並以此進行商業活動者：

1. 虛擬通貨與法定貨幣之轉換。

2. 虛擬通貨間之交換。

3. 虛擬通貨之移轉。

4. 虛擬通貨或相關工具的保管、管理或維護。

5. 參與和提供虛擬通貨發行或銷售之有關金融服務。

惟並非只要從事上述虛擬通貨之活動即會被認為是 VASPs 而受到指引及 FATF 建議之規範，該指引認為若一自然人或法人非以他自然人

---

[76] "Virtual asset" as a digital representation of value that can be digitally traded or transferred and can be used for payment or investment purposes. Virtual assets do not include digital representations of fiat currencies, securities, and other financial assets that are already covered elsewhere in the FATF Recommendations

[77] "Virtual asset service provider" as any natural or legal person who is not covered elsewhere under the Recommendations and as a business conducts one or more of the following activities or operations for or on behalf of another natural or legal person:
i. Exchange between virtual assets and fiat currencies;
ii. Exchange between one or more forms of virtual assets;
iii. Transfer4 of virtual assets;
iv. Safekeeping and/or administration of virtual assets or instruments enabling control over virtual assets;
v. Participation in and provision of financial services related to an issuer's offer and/or sale of a virtual asset.

或法人之名義從事上述 5 類虛擬通貨活動，而係以自己之名義，且交易雙方係透過各自之私人錢包進行個人點對點的虛擬通貨活動（P2P）時，則非 VASPs。惟當一自然人或法人係出於商業之目的，而具有足夠規律性的代表他人或以他人之名義，為上述 5 類之虛擬通貨活動[78]，或通過交易平台與買方匹配買賣時，則無論其係使用分散式或集中式之交易平台，係透過智能合約或其他機制，甚至不論其係以何種技術進行 VA 之活動，均屬 FATF 所欲規範之 VASPs。

第三目　FATF 建議在 VA 和 VASPs 的應用

　　確定 VA 及 VASPs 的範圍僅是對於虛擬通貨監管的第一步，而究竟被認為係應受管制節點之 VASPs 被課予之義務為何？以及如何將 FATF 所發佈的 40 項建議適用於其中才是關鍵，對此 FATF 於本指引即提供下述方法，以幫助各國得以正確地識別 VA 和 VASPs 所帶來的洗錢風險，並更有效地實施 FATF 的 40 項標準。

　　本書為更有系統地介紹該指引係如何將 40 項建議適用於 VA 和 VASPs 的領域，故以該指引之架構，分別以（一）以風險為本的管制方法與區域協調、（二）虛擬通貨的處置、（三）許可或註冊、（四）監督或監控、（五）預防措施、（六）法人與實質受益權、（七）運營和執法、（八）國際合作（九）指定非金融機構及執業技術人員，進行統合式的介紹：

　　（一）以風險為基礎的管制方法

　　如同 FATF 第一項建議所要求，各國應採用基於風險的管制方法，以確保所採取之管制措施得有效預防並減輕洗錢及資恐風險。而根據風險的方法，各國亦應對國內流通的 VA 及 VASPs 進行識別，包含

---

[78] *Supra* note 24, at 22.

VASPs 所提供之產品、服務、涉及的交易、客戶風險、地理因素，和交易的 VA 的類型及其涵蓋範圍，以便進行虛擬通貨業務的洗錢及資恐風險識別。

　　同時，各國亦應遵循第二項建議之指示，確保前述之風險識別，及因此而制定的監管政策，具備有效協調全國各主管機關、自律組織、金融與特定非金融行業間的合作機制，同時指定一個機構負責督導、檢視相關政策。

　　（二）虛擬通貨之處置

　　為使 FATF 之建議得以適用於虛擬通貨業務，該指引要求各國應將建議 3 至 8 所使用「財產」、「收益」、「資金」、「其他資產」和「其他相應價值」文字之內涵擴及至 VA，並要求各國亦應依建議 30、33、35 和 38 之意旨採取相關管理措施。

　　而 VA 之概念適用於建議 3-8 之結果，即各國無論對於洗錢犯罪之認定，係採何種本書前述第 3 項建議解釋性註釋所提供的立法模式；以及建議 5 所稱之對恐怖分子進行「資助」之行為，「VA」均包含在其中。故各國依前述第 3 項建議所制定之對於犯罪所得、犯罪工具、所得替代物，與以凍結、扣押或沒收之保全制度，於 VA 之情形亦有適用；並於資恐方面，如對於恐怖組之援助行為係以 VA 之形式為之，則各國亦應依聯合國安理會所作成之決議，毫不延遲地凍結決議所指定的個人或團體之 VA，並應確保沒有任何其他個人或團體得以直接或間接使用該等 VA。

　　至各國原依建議 30、33、35 所應踐行對於不法收益之識別及沒收[79]，洗錢及資恐相關資訊的全面統計[80]，以及對違反洗錢防制及資恐之

---

[79] *Supra* note 27, Recommendation 30.

自然人和法人，所採取之一系列包括民、刑或行政之處罰[81]，亦應包括
VA 業務，並不論 VA 於各國在法律上的定性及分類均屬之[82]。

（三）許可或註冊

各國應建立 VASPs 的登記許可制度，如 VASPs 為法人時，則該法
人應於該國完成公司設立及商業登記；如 VASPs 為自然人時，則亦應
要求其獲得營業之登記與許可[83]。

且各國之主管機關亦應確實監控 VASPs 所進行與 VA 相關之活
動、產品和服務，並確保其所進行之 VA 活動係屬於 VASPs 所申請之
業務範圍內[84]，同時，各國亦應有能力識別未經許可或登記之 VASPs，
並具有對該等未經許可或登記之 VASPs 進行制裁之措施[85]。

（四）反洗錢監督

為使 VASPs 受到有效的洗錢防制及反資恐監控，各國應依建議
26、27 之意旨，對於 VASPs 之監管，不應透過業者自律之方式，而係
應由各政府之主管機關為之。同時，為使主管機關能有效地對 VASPs
進行監管，應賦予主管機關足夠的權力對金融機構實施檢查並強制提供
主管機關所需之資訊，同時亦對違反規定之金融機構，享有撤回、中止
VASPs 許可登記之權力[86]。

（五）預防措施

---

[80] *Supra* note 27, Recommendation 33.

[81] *Supra* note 27, Recommendation 35.

[82] *Supra* note 23.

[83] *Id.*

[84] *Id* at 23.

[85] *Id.*

[86] *Id* at 24.

　　如第 15 項建議的解釋性註釋所言，為避免 VASPs 遭不法份子濫用，各國應對業務之全部或一部在其境內發生的 VASPs，課予建議 10-21 提到包括大額及可疑交易活動報告、客戶資料維護、交易紀錄保存、內稽內控要求、配合主管機關調查，和以前述客戶資料調查為基礎而衍生的 Travel Rule 等洗防義務，且該解釋性註釋雖未明確包括建議 9、22、23，惟指引認為此 3 項建議針對指定非金融機構管制，與確保各國之金融機構保密法不會影響 FATF 建議施行之部份，於 VASPs 領域中仍有間接適用之可能[87]。

（六）法人與實質受益權

　　為避免 VASPs 遭不法人士濫用於從事洗錢或恐怖融資，各國對於 VASPs 所進行之交易訊息，應等同於建議 24、25 對於金融機構和非金融機構之要求[88]，確保負責之主管機關具備即時掌握並識別 VASPs「實質受益人」及其他與 VASPs 產品或服務有關訊息正確性之能力[89]。

（七）運營和執法

　　各國依建議 29 所設立，為分析及識別有關洗錢或資恐可疑交易之金融情報中心，其所蒐集之資訊亦應包含 VASPs 之產品及其提供之服務[90]，且各國依應將建議 30-34 條之要求，如持續性地進行數據的統計[91]及反饋[92]，以及執法單位對於涉及較大不法資金的主動調查義務等

---

[87]　*Id.*

[88]　*Supra* note 27, Recommendation 24.

[89]　*Supra* note 23, at 32.

[90]　*Id.*

[91]　*Supra* note 27, Recommendation 33.

[92]　*Id.* Recommendation 34.

[93]，對於 VASPs 均有適用[94]。

（八）國際合作

有鑑於 VA 活動的跨境性及流通性，該指引認為國際間是否能有效地進行合作，為防堵 VA 相關的洗錢或資恐的重要關鍵[95]，而為使國際間得有效地建立全球性的監管框架，故該指引要求各國應按建議 36-40 之意旨，國家間應提供必要的合作與工具[96]；幫助他國辨識、凍結、扣押和沒收與 VASPs 有關之不法收益[97]；並在不法份子從事與 VA 有關之犯罪行為時，在引渡的程序上提供有效的協助[98]。

（九）指定非金融機構及執業技術人員

依建議 22、23 之意旨，如賭場、房地產經紀人、貴金屬經銷商、律師等指定非金融機構人員，與客戶從事建議 22、23 所指之特定活動時，應踐行並保存建議 10、11、12、15、17 所要求的客戶盡職調查程序[99]，且當有合理懷疑所參與之資金係屬犯罪收益時，亦應像金融情報中心進行通報[100]。而依風險指引之意旨，當指定非金融機構人員與客戶從事 VASPs 活動時，亦應建行建議 22、23 所要求指定非金融機構所應踐行之各項義務，並要求對於 VASPs 所訂之監管層級，應提升與金融機構相同[101]。

---

[93] *Supra* note 23, at 33.

[94] *Id.*

[95] *Id.*

[96] Supra note 27, Recommendation 37.

[97] *Id.* Recommendation 38.

[98] *Id.* Recommendation 39.

[99] *Id.* Recommendation 22.

[100] *Id.* Recommendation 23.

[101] *Supra* note 23 at 34.

第三款　小結

FATF 有鑑於以比特幣為起點的 VA 相關洗錢犯罪與日俱增，為健全洗錢防制與反資恐之監管，並使 FATF 所訂之 40 項建議於 VA 之領域亦有適用，於 2015 年起即陸續發布了一系列針對 VA 監管的風險指引，分別就所欲管制之主體、客體、行為，及受規範者應踐行之義務等進行確定；並提供經典之洗錢及資恐案例，以利各國得正確評估因 VA 之類型與交易態樣不同所帶來之不同程度的風險，而使國際得採取以風險為本的管制措施，進行監管資源的分配和運用。

管制行為態樣部份，有別於傳統的洗錢防制規範多著力於處置階段和多層化階段，蓋如前述，若能在洗錢行為的初始階段進行有效的客戶審查及相關措施，則對於傳統的洗錢犯罪即能取得不錯的防堵成效。惟以 VA 為媒介的洗錢犯罪，在操作上即有本質上之不同，蓋 VA 因區塊鏈而有高度之匿名性以及無中介之特性，且國際上對於 VA 可疑交易的辨識亦相對薄弱，故於 VA 的領域，政府非但難以精確掌握個別用戶之交易資訊，且不法份子更可以迅速縮短處置階段和多層化階段所需之時間，以致難以追查。惟，目前國際間對於直接以 VA 兌換商品或服務之管道尚未普及，故不法份子仍需透過 VASPs 始得有效地與法幣進行價值交換，基此，FATF 於 2015 年即表明對於 VA 的洗錢防制監管，應以 VA 與現實世界的「節點」，即 VASPs 作為管制之對象，顧名思義即係以得令黑錢重回合法經濟體系的「整合階段」作為所欲管制的行為態樣。

而就管制之主體和客體部份，為明確 VA 之內涵，FATF 於 2018 年對第 15 項建議進行修正，明文指出 40 項建議的適用範圍包含 VA 和 VASPs，並於 2019 年新增了第 15 項建議之解釋性註釋，以確定納入監管的 VA 和 VASPs 所指為何，並同時發佈了針對 VA 和 VASPs 的風險

指引，用以說明各國應如何將 FATF 建議中所要求之 CDD 程序、內控、資訊回報、國際合作等管理措施適用於 VA 和 VASPs 的領域中。

第四節　小結──VA 與 VASPs 監管範圍之再擴張

　　洗錢問題日益嚴重，國際間亦建立許多多邊性的組織投入建立洗錢防制監管的工作，其中 FATF 所提出之各項建議與指引更被各國所採納，我國關於洗錢防制法及相關政策之推動，亦是基於 FATF 所發佈之建議與指引而為之，且 2019 年 G20 的財長會議亦同意全面地執行 FATF 所發佈之各項指引與建議，而使 FATF 於洗錢防制相關組織中處於龍頭地位，故本章即以 FATF 之體制及規範著手說明。

　　依 FATF 所下之定義，「洗錢」係指行為人為使透過非法販賣武器、走私、詐騙、內線交易、販毒等不法活動獲取利益之行為，而為有更細緻化之管理，將整個洗錢行為裁分為將「黑錢」置入合法經濟體系之「處置階段」；將「黑錢」進行一系列兌換、移轉以隱匿其金流之「多層化階段」；以及將「黑錢」重新回流至合法經濟體係的「整合階段」。傳統上為避免不法人士將洗錢之進程推進至多層化階段乃至整合階段，主管機關多在資金將置入合法經濟體之「處置階段」時，即開始對資金之流向和持有之合法性為審查。

　　然，虛擬通貨匿名、去中介化之特性，令主管機關難以在個人用戶點對點的價值移轉（P2P 交易）中，對交易及持有該虛擬通貨之合法性進行檢驗，且由於區塊鏈之網路觸及全球各角落，致使用戶亦得透過區塊鏈將所持有之虛擬通貨分散於其他之司法管轄領域，同理，不法份子即可透過上述方式，在規避主管機關和金融機構監管的同時，輕易地將

所持有的不法資金以虛擬通貨的形式，完成洗錢之處置階段和多層化階段。

　　至此傳統以處置階段和多層化階段為主軸之洗錢防制措施，在虛擬通貨的領域中可說是完全失靈，而為有效處理以比特幣為起點的虛擬通貨洗錢問題，FATF 於 2015 年起即發佈了許多風險指引並開始著手對 40 項建議及其解釋性註釋之修正，以利各國有效地認識並評估及降低虛擬通貨的洗錢風險，並基於「2014 年風險指引」所提到的用戶匿名性原因，將虛擬通貨洗錢之監管鎖定在可與現實法幣等資產轉換的節點（即 VASPs）而非個別用戶，且於 2019 指引正式將 FATF 40 項建議所規範之各項洗錢防制措施，如 CDD 程序、記錄保存義務、通報可疑交易義務及針對違規個案之制裁等，均已具體之說明適用於虛擬通貨之領域。

　　有鑑於虛擬通貨業務發展快速，為追蹤指引之成效及審視有無應調整之處，FATF 在 2019 指引發佈後持續對國際實施指引的狀況進行審查，並分別於 2020 及 2021 年發佈「2020 年第一次回顧指引」和「2021 年第二次回顧指引」，FATF 於 2020 年第一次回顧指引時即提到將於後續指引中[102]就 VASPs 和 VA 之適用範圍為更清晰之定義[103]；且由於 FATF 對於虛擬通貨之監管係著重於 VASPs，故如前述不受 FATF 虛擬通貨洗錢防制監管的個人對個人之點對點虛擬通貨交易模式（P2P 交易），即有論者認為有形成監管漏洞之可能[104]，惟 FATF 於回

---

[102] FATF, 12 MONTH REVIEW OF REVISED FATF STANDARDS ON VIRTUAL ASSETS AND VASPs 19 (2020). *Available at https://www.fatf-gafi.org/media/fatf/documents/recommendations/12-Month-Review-Revised-FATF-Standards-Virtual-Assets-VASPS.pdf.*

[103] *Id* at 14.

[104] *Id.*

顧指引中則認為自 2019 年 6 月以來，並無證據顯示此種點對點的虛擬通貨交易模式對洗錢風險產生了實質性的影響，故僅針對 VASPs 為監管對象的方針仍未改變。但同時強調若有新的虛擬通貨可實質性地改變此種交易模式的洗錢風險，則各國之主管機關於評估該等新興虛擬通貨之風險後，亦可採取禁止 VASPs 媒合此種虛擬通貨，或於點對點的交易中對該等通貨進行交易量之限制，甚至亦可要求若欲進行此種通貨之交易須強制經由 VASPs 或金融機構[105]，以因應未來商業模式改變所帶來之風險。

上述兩次的回顧指引在大方向上並未有太多分歧[106]，僅「2021 年第二次回顧指引」表示對於過往 VA 和 VASPs 的定義有檢討之必要，表明將對其進行更深入的研究，並宣示將透過 2021 年 11 月完成的新版本指引，向國際說明應如何採取更具體之措施[107]，有趣的是 FATF 於該指引中提到，對於原本 VASPs 定義中「為他人或代表他人從事……」之文字，也在思考是否應對其提供更多的指引。

而有需要特別注意者，在於「2021 指引草案」之第 18 頁至第 25 頁對 VA 和 VASPs 之監管範圍的有意擴張，分述如下：

（一）VA 定義之調整

基於不應存在金融資產為排除在 FATF 標準外的立場[108]，首先，FATF 再度重申 VA 必須是數位化的，並且本身亦必須以數位之方式交

[105] *Id* at 24.

[106] FATF, SECOND 12-MONTH REVIEW OF REVISED FATF STANDARDS - VIRTUAL ASSETS AND VASPs, FATF (2021) *Available at* https://www.fatf-gafi.org/publications/fatfrecommendations/documents/second-12-month-review-virtual-assets-vasps.html.

[107] *Id.*

[108] *Supra* note 24, at 18.

易或轉讓，並能被用於支付或投資之目的，但同時也否定一資產有同時成為 VA 和傳統金融資產之可能性，且一資產縱非屬 VA，仍應被歸類為傳統之金融資產而受到其他法律之規範[109]，基此，可知在 FATF 的立場明確了以下內容[110]：

1. 由於此次 FATF 重視的是 VA 的移轉和價值交換功能，故大多數原先不構成 VA 的 NFT erc-721（非同質化虛擬通貨，Non-Fungible Token），亦因其具有二級市場交易價值而被視為 VA[111]。

2. 穩定幣由於可被轉換成法幣或其他 VA，應被視為 VA。

3. 央行發行的數字貨幣因屬於傳統金融資產不會被視為 VA。

4. 資產不會同時是 VA 又是傳統金融資產。

（二）VASPs 定義之調整

首先為避免定義之混淆，而認為 VASPs 之範圍並不包含已被 FATF 標準或其他規範所涵蓋之金融機構或中介機構[112]，同時亦表示對於 VASPs 應採廣義解讀，且國家應基於實體從事之事業功能、類型來認定該實體是否應承擔 VASPs 之義務，而不應拘泥於該實體對其自身之描述、所提供之服務或採用之技術所使用之文字描述或名稱[113]。故只要一自然人或法人作為業者，具有一定頻率地從事前述 FATF 所描述

---

[109] *Id* at 20.

[110] *What exactly is a VASP, anyway?*, AnChain.A I, *available at* https://anchainai.medium.com/what-exactly-is-a-vasp-anyway-5b9672bc4095 (last visited AUG. 14, 2021).

[111] *Analysis: Proposed FATF Guidance for Virtual Assets and VASPs*, JJ, *available at* https://ciphertrace.com/analysis-proposed-fatf-guidance-for-virtual-assets-and-vasps/ (last visited AUG. 14, 2021).

[112] *Supra* note 24, note 18.

[113] *Id.*

的 5 項 VA 活動[114]，無論其係使用中心化或去中心化平台、智能合約或其他機制，即應被視為係 VASPs[115]，同時亦列舉下列可能被認為屬 VASPs 的具體商業模式：

1. 中心化或去中心化之交易所或平台都可能被視為 VASPs116。

2. 依 FinCEN 指引所稱，單純進行 DAPP117的開發因不涉及資金或 VA 之移轉，故不會被認為係 VASPs，惟透過 DAPP 運營之業者因係透過用戶所支付的 VA 來獲利並穩定運行軟體，而有促進價值之交換或轉換（無論是法幣或 VA）時，則應被視為 VASPs118。

3. 有鑑於 VASPs 從事所謂「保管、管理或維護」之 VA 活動，意味著該實體對 VA 應具有一定的監管和控制能力，或對於開展業務有積極促進金融活動的能力119，故若該實體對於用戶之 VA 具有一定之控制，而提供 VA 託管錢包服務時則會被視為 VASPs120（故非託管錢包仍非屬 VASPs）。

4. 是以，除僅提供個人用戶間互相識別和交流的平台外，任何有促進（包括為用戶提供搓合交易服務）個人間 P2P 交易的平台

---

[114] 包括 1.虛擬通貨與法幣之交換；2.虛擬通貨間之交換；3.虛擬通貨之移轉；4. 虛擬通貨或相關工具的保管、管理或維護；5.參與和提供虛擬通貨發行或銷售之有關金融服務。

[115] *Supra* note 24, note 33.

[116] *Id.*

[117] DAPP 全名是去中心化應用程式（Decentralized Application），有別於一般設計給智慧型手機等行動裝置，並有一中心化服務器維持運行的應用程式（APP）；DAPP 係為了運行某種區塊鏈技術應用所開發的 APP，基於區塊鏈去中心化的特性，DAPP 程式部署在分散式網路中，並透過智能合約自動運行，DAPP 其中一種應用即係用於幫助其用戶進行虛擬通貨間之轉換。

[118] *Supra* note 24, note 32.

[119] *Id* at 30.

[120] *Id* at 23.

都可能被視為 VASPs[121]。

　　基此，可知 FATF 原本將 P2P 交易以及去中心化系統交易（如 DAPP 和去中心化交易所等）排除於監管外之作法已有明顯改變，惟前述草案有關 VA 和 VASPs 定義之調整，仍未被確定，或須待 2021 年 11 月 FATF 發佈新的 VA 和 VASPs 指引後始可明朗。

　　綜上所述，FATF 近年致力於提出各項虛擬通貨的洗錢防制措施，並將虛擬通貨洗錢之監管鎖定在可與現實法幣等資產轉換的節點（即 VASPs）；同時，為避免產生監管上的漏洞，除為確定是否擴張 VA 和 VASPs 的涵蓋範圍外，更為使 Travel Rule 得以廣泛實施而持續發佈相關的指引和報告。惟 FATF 所提出者仍係抽象的架構性規範，本書將於第三章以國際上之主要國家（美國及中國）之制度為主軸，介紹此二國家針對虛擬通貨洗錢防制所採取的具體措施。

---

[121] *Id* at 29.

第三章　主要國家對虛擬通貨之洗錢防制具體管制

第一節　美國

第一項　主管機關與適用法規

　　有關虛擬通貨之主管機關，依虛擬通貨產業所涉及業務之不同，而各自歸具有相應職能之主管機關負責監管，如美國商品期貨交易委員會（CFTC）係負責商品期貨市場之監管，故自比特幣等虛擬通貨被視為商品屬性後，涉及虛擬通貨之期貨平台及受其監管；另外美國國家稅務局（IRS）則負責虛擬通貨課稅之問題；而如前述美國證券交易委員會（SEC）則係於當某一虛擬通貨被認為具有證券性質時，即會將其列為監管對象而要求發行方踐行資訊揭露等義務[1]；其中，負責虛擬通貨洗錢等金融犯罪之主管機關為隸屬於美國財政部之金融犯罪稽查局（Financial Crimes Enforcement Network, FinCEN），31 CFR § 310 更確立 FinCEN 的職權包括確定洗錢和其他金融犯罪的趨勢和方法，並擔任美國的金融情報中心。由於本書係針對虛擬通貨洗錢防制之議題，故主要亦以 FinCEN 所發佈之相關指引和法規為介紹。

　　對於洗錢防制之監管，就法規層次主要為「銀行保密法」（Bank

---

[1] KNOWING 新聞（2021），何渝婷，〈一文了解美國監管機構目前對於加密貨幣的監管進展〉，https://news.knowing.asia/news/6eddf838-961e-4372-bc20-a4994de83fbc（最後瀏覽日：2021/08/11）。

Secrecy Act，下稱「BSA」），和 911 事件後所制定的「美國愛國者法案」（USA Patriot Act），而由於愛國者法案中相關的洗錢防制規定已併入 BSA 中[2]，故本書亦僅就 BSA 為討論，該法案除對於洗錢防制所欲規範之主體、客體、行為以及其他各項名詞為統一性之定義外，另就受規範對象所應盡如通貨交易申報、可疑活動報告、客戶盡職調查、資訊分享等洗錢防制義務予以明文。

就虛擬通貨之洗錢防制監管，美國亦與 FATF 相同，係採以虛擬通貨交易業者（即 VASPs）作為義務核心之監管策略，而非持有虛擬通貨之個人[3]。且為規範虛擬通貨業者，FinCEN 採取以行為態樣為是否納入監管之標準，並於 2013 年起即陸續發佈數項指引以明確監管之行為態樣，並認只要被歸類為「金融服務商」（Money Services Business, 又稱「MSB」）即應為 BSA 所規範之對象，MSB 係指非銀行之金融機構並從事金融服務（如國際匯款、外匯兌換、貨幣或虛擬通貨移轉、交易等）之「人」[4]，不論其為自然人或法人，且亦無論所從事之業務係透過本人或代理人，亦不論是否為受許可之業務，只要業務之性質屬於「匯兌服務」而不屬例外豁免之情形（詳見本章下述），且範圍係於美國境內之一部或全部為之，即為 BSA 所欲管制的 MSB[5]。依 31 CFR § 1010.100(ff) 關於 MSB 之定義，MSB 類型包含外匯經紀商（Dealer in

---

[2] *FinCEN's Mandate From Congress*, FINCEN, *available at* https://www.fincen.gov/resources/statutes-regulations/fincens-mandate-congress（last visited August 11, 2021）.

[3] *Administrative Rulings*, FINCEN, *available at* https://www.fincen.gov/resources/statutes-regulations/administrative-rulings（last visited August 11, 2021）.

[4] *Money Services Business Definition*, FINCEN, *available at* https://www.fincen.gov/money-services-business-definition (last visited August 11, 2021）.

[5] FINCEN, APPLICATION OF FINCEN'S REGULATIONS TO CERTAIN BUSINESS MODELS INVOLVING CONVERTIBLE VIRTUAL CURRENCIES 7 (2019). *Available at* https://www.fincen.gov/sites/default/files/2019-05/FinCEN%20Guidance%20CVC%20FINAL%20508.pdf.

foreign exchange）、票據支付商（Check casher）、旅行支票或匯票之發行業者或承銷商（Issuer or seller of traveler's checks or money orders）、預付服務供應商（Provider of prepaid access）、匯兌業者（Money transmitter）、美國郵政（U.S. Postal Service）、預付服務承銷商（Seller of prepaid access）此 7 類，而與虛擬通貨業者最為相關者，為當中的第五類——匯兌業者。何謂「匯兌業者」？係指從事資金移轉和提供匯兌服務之「人」，而所稱之「匯兌服務」（Money Transmission Services），按 31 CFR § 1010.100(ff)(5)(i)(A) 之意旨，則係指：「接收貨幣、資金或其他具相當貨幣價值之物，並將之自某人某地移轉至他人或他處之服務。」

而按上述匯兌業者之定義，於 FATF 標準下之 VASPs 亦將被 FinCEN 視為所欲規範的 MSB，而應受 BSA 之洗錢防制監管[6]，且 FinCEN 於 2019 年提出的「FinCEN 法規虛擬通貨商業應用指引」(Application of FinCEN's Regulations to Certain Business Models Involving Convertible Virtual Currencies，下稱「FinCEN 2019 指引」) 即表示該指引之目的，即在提供受 BSA 所規範並從事「可兌換虛擬通貨」（Convertible Virtual Currency，CVC，下稱「虛擬通貨」）業務之 MSB 的指導方針[7]，該指引並未對美國現有之法規作出新的解釋，而係為明確於虛擬通貨世界中的各項具體商業模式是否屬於 FinCEN 所欲監管的 MSB。至於規範之客體部份，FinCEN 早在 2013 年所提出的「Application of FinCEN's Regulations to Persons Administering, Exchanging, or Using Virtual Currencies」一文中，即認為可將虛擬通貨

---

[6]　*What Exactly is a Virtual Asset Service Provider (VASP)?* , CIPHERTRACE, *available at* https://ciphertrace.com/what-exactly-is-a-virtual-asset-service-provider-vasp/ (last visited AUG. 14, 2021).

[7]　*Supra* note 5, at 1.

想像係一種在某些環境中像貨幣一樣運作，且雖不具備 31 CFR §
1010.100(m)中所定義之「真實」法幣的所有要素（非法幣，但卻具有
流通性且通常作為或被接受為交換價值之媒介），但卻具備法幣價值甚
至為可充當法幣之物[8]，且該文亦明確表示 CVC 的典型活動中包含「去
中心化虛擬通貨」。是以，31 CFR § 1010.100(ff)(5)(i)(A) 所指之「其
他具相當貨幣價值之物」則當然包含「虛擬通貨」。

　　基此，透過前述之解釋即令 FinCEN 對 VASPs 和虛擬通貨（VA）
之監管取得了法源上的依據。

第二項　以「匯兌服務」行為為中心之虛擬通貨監管

　　惟「匯兌」一詞之涵義亦如前述包含甚廣，故為使受規範者得以明
確了解自身是否為 BSA 之效力所及，FinCEN 自 2013 年起至 2019 年
間，即發佈數項指引，將參與虛擬通貨之相關主體，進一步區分為使用
者（User）、交換者（Exchanger）、發行者（Administrator）。

第一款　「匯兌服務」態樣之特定
第一目　使用者[9]
　　指透過虛擬通貨購買商品或服務者，於一般情況下，由於 FinCEN
所欲規範者，乃「匯兌」此一行為態樣，故從定義上而言，使用者通常

---

[8] FINCEN, APPLICATION OF FINCEN'S REGULATIONS TO PERSONS ADMINISTERING, EXCHANGING, OR USING VIRTUAL CURRENCIES 1 (2013), *Available at* https://www.fincen.gov/sites/default/files/shared/FIN-2013-G001.pdf.

[9] FINCEN, APPLICATION OF FINCEN'S REGULATIONS TO VIRTUAL CURRENCY SOFTWARE DEVELOPMENT AND CERTAIN INVESTMENT ACTIVITY 1-5 (2014), *Available at* https://www.fincen.gov/sites/default/files/shared/FIN-2014-R002.pdf.

會被排除於「匯兌服務」之外，而不受 BSA 所監管。以 FinCEN 在 2014 年所發佈的「虛擬通貨挖礦規範」（Application of FinCEN's Regulations to Virtual Currency Software Development and Certain Investment Activity）為例，FinCEN 認為不論將所持有之虛擬通貨用於購買物品、服務、清償債務；或出於投資之目的，將其轉換為法幣或他種虛擬通貨；同時亦不論持有者係透過挖掘、創造、生成、製造或購買等方法獲得虛擬通貨，只要使用者符合「基於個人用途且為自己之利益使用虛擬通貨」之規範目的，即不構成「匯兌」行為而無須受 BSA 之規範[10]。

第二目　交換者[11]

由於此類經典之行為，即係透過經營接收、傳輸可轉換之虛擬通貨之業務來獲取法幣或其他虛擬通貨，故與前述 FinCEN 對於匯兌業者之定義相符[12]，而原則上為 FinCEN 所欲監管之對象。然，交換者雖然原則上受監管，但如符合「必要服務例外」和「付款處理者例外」（詳見本項第二款）時，則將排除於交換者之類別，而僅作為使用者並且不受 BSA 所課予之洗錢防制義務。

第三目　發行者[13]

係指具有發行虛擬通貨並對其具有管理權限者，發行者本身亦可認係交換者之上位概念，其與交換者最大的區別，在於其本身即為虛擬通貨之來源，且由於此類發行者之目的，係希望藉由用戶購買其創造之虛

---

[10] 李建德（2019），〈加密貨幣之洗錢防制研究〉，國立台灣大學法律學院法律學研究所碩士論文，頁 117。

[11] *Supra* note 8, at 3.

[12] 接收貨幣、資金或其他具相當貨幣價值之物，並將之自某人某地移轉至他人或他處之服務。

[13] *Supra* note 8, at 3.

擬通貨,交換其所提供之商品或服務以達營利之目標[14],故此種基於營利為目的而使虛擬通貨得以換取商品及服務之行為,即構成 MSB 而受 FinCEN 之監管,如首次代幣發行(ICO)即屬之。

第二款 「匯兌服務」態樣之排除

如前所述,只要符合前述「匯兌服務」之態樣,即受 BSA 所規範,惟仍有例外排除之情形:

第一目 必要服務例外(Integral Service Exemption)[15]

如上所述,若匯兌係基於履行某項商品或服務交易之債務者,FinCEN 認為該契約之兩造應理解為「使用者」而非「交換者」[16],並豁免 BSA 所課予之洗錢防制義務,而必要服務例外應符合下列要件[17]:

(一)匯兌行為必須具有附隨性,即該匯兌行為必須係基於某項商品或服務交易所為者,故若係單獨「以匯兌為主要目的」所為之匯兌,則不屬豁免之態樣。

(二)豁免匯兌之主張僅得由參與商品或服務交易之當事人始得提出。

(三)匯兌行為係履行商品或服務交易所需之必要行為。

---

[14] 前揭註 10,頁 122。

[15] FINCEN, Request for Administrative Ruling on the Application of FinCEN's Regulations to a Virtual Currency Payment System 4 (2014), *Available at* https://www.fincen.gov/sites/default/files/administrative_ruling/FIN-2014-R012.pdf.

[16] 前揭註 10,頁 119-120。

[17] a) The money transmission component must be part of the provision of goods or services distinct from money transmission itself; b) The exemption can only be claimed by the person that is engaged in the provision of goods or services distinct from money transmission; c) The money transmission component must be integral (that is, necessary) for the provision of the goods or services.

　　FinCEN 表示若欲符合必要服務例外，應同時符合上述之三項要件始可豁免於「匯兌服務」之態樣[18]。

第二目　付款處理者例外（Payment Processor Exemption）[19]

　　所謂「付款處理者例外」係指透過與債權人等約定藉由清算或交割系統，加速對商品或服務之結帳程序之人[20]，FinCEN 亦多次對外針對「付款處理者」做出正式之解釋，並認為「付款處理者」應符合下列要件[21]：

（一）所提供之服務應能加速購買商品或服務之結帳程序。

（二）當事人所選擇之清算或交割系統，應係由受 BSA 監管的金融機構所提供者。

（三）雙方應依正式之合約提供服務。

（四）合約應至少是與提供商品或服務並接受款項的賣家或債權人簽署。

第三款　規範主體應遵循之義務

　　依上所述，可知若依上述標準而被認為係從事「匯兌服務」而不符合豁免要件之人，即被視為匯兌商並成為 BSA 之監管對象，此時，若該監管主體仍欲進行其「匯兌」業務，則應遵循下列銀行保密法所課予

---

[18] *Supra* note 15, at 4.

[19] *Id.*

[20] 謝孟珊（2017），〈電子支付業務管制範疇之比較法研究〉，《月旦法學雜誌》，263 期，頁 153-166。

[21] (a) facilitate the purchase of goods or services, or the payment of bills for goods or services (not just the money transmission itself); (b) operate through clearance and settlement systems that admit only BSAregulated financial institutions; (c) provide its service pursuant to a formal agreement; and (d) enter a formal agreement with, at a minimum, the seller or creditor that provided the goods or services and also receives the funds.

匯兌商之各項義務[22]：

（一）應向 FinCEN 完成註冊。

（二）進行全面性的洗錢風險評估。

（三）實施以前述洗錢風險為基礎之洗錢防制計劃。

（四）應遵守 31 CFR § 1010 部份所列舉之義務包含提交貨幣交易報告（31 CFR § 1022.310)、可疑交易活動報告（31CFR § 1022.320）、客戶資料維護（31 CFR §1010.410）、交易紀錄保存（31 CFR §1010.415）、配合主管機關調查（31 CFR § 1010.520）等。

（五）且若匯兌商的虛擬通貨交易構成 31 CFR § 1010.100（ddd）所定義之「資金移轉」（Transmittal of Funds），還須遵循 31 CFR § 1010.410（e）之「資金移轉規則」（Funds Transfer Rule）和 31 CFR § 1010.410（f）之「資金旅行規則」（Funds Travel Rule），透過對客戶資料之調查程序並紀錄匯款人之姓名、帳號、地址、金額、日期等資料，使收款方及主管機關得以辨識、調查相關洗錢犯罪之行為，此部份即與 FATF 所要求之 Travel Rule 程序對應。

第四款　具體商業模式之認定

　　FinCEN 於「FinCEN 2019 指引」中，雖未對既有之法規和先前之指引進行解釋上的變更，惟仍就目前虛擬通貨可能所涉之商業模式，明確於該指引中，以利參與虛擬通貨活動之人，得以評估其是否會被視為 MSB，而成為 BSA 所欲規範之對象，除虛擬通貨 ATM、虛擬通貨支付服務商、ICO、匿名服務和隱私幣，因明確涉及進行匯兌服務而較無爭

---

[22] *Supra* note 15, at 5.

議外，指引尚認為有其他形式之商業服務亦應歸類為 MSB，茲分述如下[23]：

（一）P2P 交易商（P2P Exchangers）[24]

由於 FinCEN 對於虛擬通貨採是否構成「匯兌服務」而成為 MSB 之監管模式，故不區分進行通貨移轉者究屬自然人或法人，基此，如該進行交易之自然人構成「匯兌服務」，則亦屬受 BSA 所規範的 MSB，而應遵守各項洗錢防制之要求。

（二）錢包（CVC Wallets）[25]

錢包依用戶是否自己持有私鑰區分為「託管錢包」（Hosted Wallets）和「非託管錢包」（Unhosted Wallets）。就託管錢包的部份，FinCEN 認為錢包本身僅是虛擬通貨儲存和傳輸的一個接口，錢包運營方才是匯兌業者；而關於非託管錢包，因其運營方並未持有用戶錢包之私鑰，且用戶對儲存於該錢包之虛擬通貨具有獨立控制權，故若性質上屬於單簽之非託管錢包[26]，因運營方對用戶之虛擬通貨不具控制權，故非屬匯兌業者，且縱該非託管錢包係屬於多重簽名錢包，若錢包之營運方將自身之功能限縮在僅提供用戶多一道驗證之角色，則因其不涉及虛擬通貨之接收和傳輸，故亦非匯兌業者。

基此，從監管之角度，FinCEN 認為對於錢包之規範應著重於下列四項標準：1.誰是虛擬通貨的所有權人；2.虛擬通貨係儲存於何處；3.

---

[23] 鏈聞(2019)，gf.network，〈FinCEN 發文劍指區塊鏈行業〉，https://www.chainnews.com/articles/222 723076245.htm （最後瀏覽日：2021/0814）。

[24] *Supra* note 145, at 14-15.

[25] *Id* at 15-17.

[26] 單簽與多重簽名錢包之區分，在於用戶進行虛擬通貨移轉時所需要之私鑰數量，單簽錢包在進行移轉時只需要一個私鑰，即取得該私鑰之任何人皆可進行該錢包內虛擬通貨之移轉，多重簽名則除所有人自己持有之私鑰外，仍需其他私鑰進行共同認證始得移轉。

所有權人是否直接參與虛擬通貨之交易；4.錢包運營方是否對於虛擬通貨具有完全的獨立控制權。

（三）DAPP 移轉虛擬通貨（CVC Money Transmission Services Provided Through DApps）[27]

如前所述，單純進行 DAPP 的開發因不涉及資金或 VA 之移轉，故不會被認為係 VASPs，惟透過 DAPP 運營之業者因係透過用戶所支付的 VA 來獲利並穩定運行軟體，而有促進價值之交換或轉換（無論是法幣或 VA）時，則符合「匯兌服務」促進價值之交換或轉換（無論是法幣或 VA）之態樣，FinCEN 認為應對 DApp 與虛擬通貨 ATM 為相同之解釋，無論是否出於營利之目的皆屬匯兌業者，而應為受監管之對象。

（四）虛擬通貨中心化交易所和去中心化交易所（CVC Trading Platforms and Decentralized Exchanges）[28]

傳統中心化交易所／平台（CEX）因虛擬通貨間之移轉係透過該交易所完成，故屬 MSB 無疑，惟去中心化交易所（DEX）則應為進一步之區分，FinCEN 認為若 DEX 僅提供一交易場域供買賣雙方掛單搓合，且交易雙方係透過各自之錢包於 DEX 外完成移轉，則該 DEX 非屬 MSB 而不受 BSA 之監管；相反，若 DEX 在交易中如同 CEX 提供交易所之平台錢包並參與交易之過程，則屬 MSB。

第三項　以紐約州之具體措施為例

美國紐約州金融局（New York State Department of Financial

---

[27] *Supra* note 5, at 18.

[28] *Supra* note 5, at 23-24.

Services, NYDFS）參考前述 FinCEN 2013 至 2014 年所提出虛擬通貨指引及 FATF 的建議，於 2015 年基於紐約州金融服務法（New York State Financial Services Law）的授權，發布了虛擬通貨法規 23 NYCRR Part 200（下稱「Part 200」），將受規範者（虛擬通貨匯兌業者）之洗錢防制義務加以具體化，而建立所謂的「虛擬通貨許可管制架構」（BitLicense Regulatory Framework）[29]，為國際上最早引進交易所許可制度之地，且截至 2020 年 7 月，已有 18 家 VA 業者取得許可[30]，並在 Part 200 以下增列 22 個小節，內容除有虛擬通貨業者資本要求（Part 200.8）、使用者資產保護（Part 200.9）、消費者保護（Part 200.19）外，亦有針對虛擬通貨（VA）和虛擬通貨業者（VASPs）的各項定義、許可申請、洗錢防制義務等進行規範，本書亦就此部份之具體措施進行說明：

定義 （Part 200.2）	（一）Part 200.2(d)將匯兌服務(Exchange Service)定義為從事法幣與虛擬通貨、虛擬通貨間轉換之行為，雖文字之使用上與 FinCEN 不同，惟仍可被視為符合 MSB 的類型而納管[31]。 （二）Part 200.2(l)、(m)認為主要股東係指得直接、間接擁有超過一實體所發行之股權的 10%，或有權指示、決定一實體經營方向者。 （三）Part 200.2(p)認為所謂「虛擬通貨」係指得以數位方式儲存、交換或移轉價值之單位，亦包括中介化、去中介化之虛擬通貨。

---

[29] *Virtual Currency : Regulation and History*, NYDFS, *available at* https://www.dfs.ny.gov/apps_and_licensing/virtual_currency_businesses/regulation_history (last visited AUG. 16, 2021).

[30] 見第 1 章註 11，頁 1361。

[31] *Am I an MSB?*, FINCEN, *available at* https://www.fincen.gov/am-i-msb (last visited AUG. 16, 2021).

	惟排除僅具有單向性而不得與法幣為轉換之虛擬通貨。 （四）Part 200.2(q)認為虛擬通貨商業活動應包含下列 5 種態樣： 1. 為進行匯兌而接收虛擬通貨者，惟若符合前述之「必要性例外」或僅進行「微量」匯兌者，則例外豁免規範。 2. 為他人儲存、持有、保管或控制虛擬通貨。 3. 經營買賣虛擬通貨業務。 4. 為客戶提供虛擬通貨匯兌服務。 5. 控制、管理、發行虛擬通貨。
經營許可 （Part 200.3）	（一）原則： 按 Part 200.3(a)、(b)之意旨，任何人未經 NYDFS 登記許可，不得從事任何前述虛擬通貨之經營活動，且若未得登記許可，亦不得透過代理人進行相關活動。 （二）豁免許可： 按 Part 200.3(c)，若僅是將虛擬通貨用於投資目的，或用於購買商品或服務時，則無須取得登記許可[32]。
主管機關權限 （Part 200.6）	對於是否予以登記許可之決定，主管機關應調查申請人之財務狀況、業務經驗、性格、健康狀況等因素；且對於申請之內容有認為非恰當，或已取得許可而後出現不恰當之行為者，主管機關均有權拒絕或暫停、撤銷該登記許可。
查核 （Part 200.13）	每位受許可人應隨時協助和允許主管機關對其所有之帳簿、紀錄、文件或其他訊息進行檢查。

---

[32] *BitLicense FAQs*, NYDFS, *available at* https://www.dfs.ny.gov/apps_and_licensing/virtual_currency_businesses/bitlicense_faqs (last visited AUG. 16, 2021).

洗錢防制計劃 （Part 200.15）	（一）Part 200.15(b)要求受許可人應對自身之活動、服務、客戶、地域、合規性、財務等風險，進行至少一年一次之風險評估，並應將該風險評估反映在洗錢防制計劃中。 （二）Part 200.15(c)、(d)則要求前述之洗錢防制計劃之內容應包含具體的內控流程、合格的法遵人員以及持續的人員訓練等，且該洗錢防制計劃應透過計劃外之人進行計畫有效性的獨立測試，亦應提供書面提交主管機關審查並批准。 （三）Part 200.15(e)要求每位被許可人應按照下列規定進行紀錄之保存和報告： 　1.虛擬通貨交易紀錄：受許可人應對接收、交換、買賣、轉讓等虛擬通貨活動保留關於交易之當事人身份資料、交易金額、交易方式、交易日期等內容。 　2.交易報告：受許可人參與前述得豁免之虛擬通貨交易，而該交易人於一天進行超過合計 10,000 美金額度之交易時，則受許可人應於 24 小時內通知主管機關。 　3.可疑交易監控：受許可人應持續監控可能發生洗錢、逃稅等非法活動之交易，並於發現可疑活動之 30 天內，向主管機關提報。 （四）Part 200.15(h)要求受許可人應建立 CDD 程序，並在與客戶建立業務關係時，對其所提供之資訊進行驗證，且驗證之內容應包括： 　1.是否為財政部國際資產辦公室（Office of Foreign Assets Control, OFAC）之指定制裁名單。 　2.若客戶為外國人，則應根據其業務之性質、類型、目的來施行加強之 CDD 程序。

	3. 不得與空殼公司進行業務往來。 4. 應對所有金額超過 3000 美金之交易進行前述 CDD 程序。
	（五）Part 200.15(i)、(j)要求受許可人應建立並具備一套基於風險之程序，以拒絕或中止有可能違反聯邦或州法之交易。
	（六）Part 200.15(k)則要求受許可人應確保上述所有 CDD 程序程序資料之實行、更新和保存，並定期提交審查。

　　由上表可知，紐約州的「虛擬通貨許可管制架構」首先對相關名詞如臨時性交易、實質受益人、風險基礎方法等進行統一之定義，以及對所欲監管的主體、客體進行範圍上的特定，而就規範客體以及主體方面亦係遵從 FATF 指引之內容，並要求無論自然人或法人，在從事相關受規範的虛擬通貨活動前，均先向 NYDFS 申請登記許可；再者，要求事業主體在與客戶建立業務關係、辦理單筆或多筆合計超過一定金額以上之交易、發現疑似為洗錢交易、對客戶之資料真實性存疑時，應對客戶之身份進行以風險為基礎的不同程度之辨識與驗證，同時向主管機關提報，並以此為基礎，當有客戶進行 VA 之移轉時，要求無論發送方或接收方事業體均須執行相關的 Travel Rule 程序；最後，則要求受規範之虛擬通貨事業應應建立並具備一套基於風險之內稽內控制度，以拒絕或中止有可能違反聯邦或州法之交易。

　　綜上所述，美國在 VA 活動的洗錢防制與 FATF 的法遵要求已十分貼合，而上述有關 VASPs 相關的洗錢防制監管義務，在聯邦層級係採取不為其制定專法，而係透過對法律之解釋將其納入既有之法制度，雖與 FATF 所發佈之虛擬通貨指引大方向吻合，惟仍係屬舊瓶裝新酒之監管模式；至於州層級之立法則採為其另訂專法之監管模式。

第二節　中國

　　在 2017 年 9 月前，僅中國就曾擁有過全球 80%的比特幣交易量，係當時最大的 VA 交易國[33]，但中國當局基於防範不法份子利用虛擬通貨進行洗錢等犯罪行為，同時保障中國人民的財產安全的理由，逐漸對對虛擬通貨改採反對之態度，中國人民銀行等部門更於 2017 年 9 月 4 日發佈《關於防範代幣發行融資風險的公告》，禁止 ICO 在中國的融資發行[34]，而自中國開始嚴格監管 VA 交易後，大多數的交易轉而透過場外交易的方式為之[35]；而至 2021 年 5 月以降，對於虛擬通貨流通、交易行為的態度更是急轉直下，並要求境內的金融機構及平台業者禁止參與任何的虛擬通貨活動。而如本書前述，雖香港近期因國安法以及中國一系列之高壓手段，而令香港特殊金融地位受質疑，惟就虛擬通貨之監管部份，仍與中國大陸地區所採禁止立場有所迥異，故就此部份仍有另為討論之必要，本節下述除對中國大陸地區當局關於虛擬通貨活動所涉之法規和監管態度進行介紹外，亦就香港對虛擬通貨洗錢防制所採取之措施進行探討。

第一項　主管機關與適用法規

　　為因應變化快速和各業壁壘淡化的金融市場趨勢，中國自 2017 年

[33] 郭秋榮（2019），〈我國因應數位貨幣發展之對策與政策建議〉，《經濟研究年刊》，19 期，頁 15。

[34] Leo Zen（2019），〈加密數字貨幣的國際反洗錢機制研究〉，《國際經濟法學刊》，4 期，頁 40-41。

[35] 前揭註 33，頁 13。

以來，對於其國內的金融政策之監管，係採一委一行二會的政策架構（分別為國務院金融穩定發展委員會、中國人民銀行、中國銀行保險監督管理委員會、中國證券監督管理委員會），各自負責相應權責的業務，其中中國人民銀行除負責貨幣政策的擬定外，亦設立反洗錢局和金融監測中心職司反洗錢相關政策的擬定和監管。

法規層面，中國自 2007 年正式施行《中華人民共和國反洗錢法》，依該法第 3 條之規定，在中國境內設立的金融機構和應履行反洗錢義務的特定非金融機構，應依法採取預防、監控措施，並建立客戶身份識別、資料保存制度，並對大額或可疑交易進行申報。

基此，依現行中國反洗錢法之規定，應踐行反洗錢義務之主體包含金融機構和特定非金融機構兩類，針對金融機構部份，現行反洗錢法對於其所應踐行義務之具體內容雖因久未修法而略有過時，但已多有琢磨；而特定非金融機構的部份則僅有第 3 條和第 35 條有所提及，依中國反洗錢法第 3 條之規定，特定非金融機構亦應踐行客戶身份識別、大額交易和可疑交易申報等反洗錢義務，同時依同法 35 條之規定，特定非金融機構之範圍、具體應履行的反洗錢義務和對其的監督管理辦法則由國務院反洗錢行政主管部門會同國務院有關部門制定之。然，相關的辦法遲未發佈，導致中國在 2019 年 FATF 的評鑑中得到較差的評價[36]，惟中國於 2020 年的後續報告中，因為《金融機構反洗錢和反恐怖融資監督管理辦法》（下稱「辦法」）的制定以及其他缺失的改善，亦獲得 FATF 的肯定[37]。

---

[36] FATF, *Anti-money laundering and counter-terrorist financing measures People's Republic of China* (2019). *Available at* https://www.fatf-gafi.org/media/fatf/documents/reports/mer4/MER-China-2019.pdf

[37] FATF, *Anti-money laundering and counter-terrorist financing measures People's Republic of China 1st Enhanced Follow-up Report & Technical Compliance Re-Rating* (2020). *Available at* https://www.fatf-gafi.org/media/fatf/documents/reports/fur/Follow-Up-Report-China-2020.pdf

　　該「辦法」係根據《中華人民共和國反洗錢法》、《中華人民共和
國中國人民銀行法》、《中華人民共和國反恐怖主義法》等法律所制定
[38]，「辦法」首先要求人民銀行應對金融機構進行即時、準確的風險評
估，進行以風險為基礎的監管措施；其次是要求各受監管之金融機構應
對自身之洗錢和資恐進行風險評估，並依此制定相對應的風險管理措
施，進一步達成相關人力資源保障、反洗錢訊息系統、反洗錢審查機制
等要求[39]。惟「辦法」雖較中國現行的反洗錢法而言的確有相當大的進
步，但就受規範主體所應遵循之內控風險管理、CDD 執行之時機、項
目與資料保存等反洗錢義務仍未達具體明確之程度。

　　基此，為應對 2021 年 10 月向 FATF 進行的反洗錢措施進展報告
[40]，中國對於現行的反洗錢法亦已提出公共諮詢並準備著手修法，其
中，值得注意的點在於此次的修法草案除擴大洗錢犯罪的定義，並明確
執行 CDD 程序之時機與方法，以及新增個人對於反洗錢的調查義務
外，針對先前特定非金融機構規範模糊的部份，在此次的草案中亦增加
大量的具體要求，並直接在草案的 61 條明確特定非金融機構之範圍，
惟對於 VASPs 仍未有明確之表態。

　　綜上所述，對於 VASPs，依中國現行的反洗錢法並無法將其作為
反洗錢之義務主體而納管，且所應遵循的反洗錢義務亦不明確，至於是
否可依「辦法」第 2 條 2 項所稱「非銀行支付機構」，或「草案」第
61 條 1 項 4 款關於特定非金融機構概括條款[41]的定義，將其納管並使其

---

[38] 參「辦法」第 1 條。

[39] 中華人民共和國中央人民政府（2021），〈中国人民银行发布《金融机构反洗钱和反恐怖融资监督
管理办法》〉，http://www.gov.cn/xinwen/2021-04/17/content_5600258.htm（最後瀏覽日：2021/09/1
4）。

[40] *Supra* note 37.

[41] 「其他由國務院反洗錢行政主管部門會同國務院有關部門依據洗錢風險狀況確定的需要履行反洗錢

遵循反洗錢法草案中所規定的各項義務，則有待後續觀察，惟本書認為在中國採取全面禁止 VA 活動的現況下，是否仍有討論的必要則不無疑問；而關於 VA 的監管範圍部份，中國人民銀行則仍未有明確的定義。

第二項　虛擬通貨洗錢防制之監管措施

第一款　全面禁止之監管態度

中國關於境內的 VA 交易活動之管制大多透過由央行所發佈的各項公告、通知來補充，有鑑中國目前對於 VASP 和 VA 的定義均不明確[42]，且近年利用 VA 所為之詐騙、違法吸金、洗錢等犯罪日益增加，中國當局基於前述保障人民財產以及抑制犯罪的理由，加大了對於 VA 活動的監管力度。

2013 年中國人民銀行、工業和信息化部、中國銀行業監督管理委員會、中國證券監督管理委員會、中國保險監督管理委員會即針對比特幣發佈了《關於防範比特幣風險的通知》（下稱「通知」），該通知明確表示比特幣雖被稱為「幣」，但因其並非由當局所發行，不具備法償性與強制性等貨幣屬性，故比特幣就性質上不具有與貨幣等同的法律地位，且不能也不應作為貨幣在市場上流通使用；同時，該通知要求各金融機構和支付機構亦不得直接或間接提供客戶與比特幣相關如價值交換、儲存、託管、清算等業務[43]，惟其他經營比特幣業務者，在履行洗錢防制義務的前提下成可自由進行，且依該通知之文義，前述限制的範

義務的機構。」

[42] 前揭註 34，頁 45。

[43] 中華人民共和國中央人民政府（2021），〈人民銀行等五部委发布关于防范比特币风险的通知〉，http://www.gov.cn/gzdt/2013-12/05/content_2542751.htm（最後瀏覽日：2021/09/14）。

圍應僅止於比特幣。

　　至 2017 年 9 月，中國當局認為其國內 ICO 活動頻繁，帶起投機炒作的風氣並嚴重擾亂經濟金融秩序，中國人民銀行等 7 部門《關於防範代幣發行融資風險的公告》，該公告首先再度重申虛擬通貨不具有法償性等貨幣性質，不能也不應作為貨幣在市場上流通使用，惟有別於 2013 年「通知」在文字上僅使用「比特幣」，顯係擴大了限制客體範圍。且認為 ICO 本質上即是一種非法的公開融資行為，同時規定境內所有的 ICO 交易平台不得從事法幣與虛擬通貨之兌換、買賣，亦不得提供虛擬通貨價格資訊及中介等服務[44]，並應立即停止經營活動。此項嚴格的管制措施使中國境內大多數的虛擬通貨交易平台宣佈關閉，僅部份交易平台轉而透過場外交易[45]來完成法幣與虛擬通貨的兌換，並同時規避監管。雖有論者認為此舉仍然違反「公告」前述禁止交易平台從事法幣與虛擬通貨之兌換、買賣，亦不得提供虛擬通貨價格資訊及中介等服務的規定，但本書認為該「公告」所規範的對象仍係針對從事 ICO 活動的交易平台，並不包括促進個人間點對點交易的交易平台，且中國當局對此等場外交易在當時亦未有進一步的限制措施。

　　而 2021 可說是中國虛擬通貨的寒冬，為打擊所謂虛擬通貨交易的「炒作問題」，5 月 18 日中國互聯網金融協會、中國銀行業協會、中國支付清算協會發佈了《關於防範虛擬貨幣交易炒作風險的公告》，該公告明確表示有關金融機構、支付機構、網路平台等組織不得直接或間

---

[44] 中華人民共和國中央人民政府（2021），〈人民銀行等七部門关于防范代币发行融资风险的公告〉，http://www.gov.cn/xinwen/2017-09/05/content_5222657.htm（最後瀏覽日：2021/09/14）。

[45] 場外交易分為 C2C（Customer to Customer）交易和 OTC（Over The Counter）交易，前者係交易雙方透過網路認識或他人介紹等方式透過所屬的虛擬通貨錢包進行私下交易，後者則係透過交易平台進行，交易雙方透過在交易平台進行身份驗證與交易訊息刊登，並在交易平台媒合交易後，雙方即透過現下轉帳的方式直接將資金轉與賣家，且資金之移轉亦不需要透過交易平台。

接為客戶提供其他與虛擬通貨相關的服務，包括但不限於：為客戶提供虛擬通貨交易、接收或作為支付工具、開展虛擬通貨的儲存和託管等服務，且網路交易平台（VASP）亦不得為虛擬通貨相關業務提供網路經營場所、行銷、商業展示等服務。

上述協會發佈的聯合公告，因協會性質上屬於行業的自律組織，其公告不具法律上的效力，但因仍會被作用行業慣例所引用，故仍具有實質重要性。

同年 6 月 21 日，中國人民銀行為此約談包含工商銀行、農業銀行、建設銀行和支付寶網路技術有限公司等銀行和支付機構，同時要求各銀行和支付機構不應參與前述「通知」和「公告」所提及之關於虛擬通貨的活動外，更要求各機構應確實踐行客戶身份識別義務（CDD），並全面排查識別虛擬通貨交易所及場外交易商的資金帳戶，以達到及時切斷資金轉移路線的目標。而為貫徹中國當局打擊虛擬通貨交易的政策，北京市地方金融監督管理局於同年 7 月 6 日發佈《關於防範虛擬貨幣交易活動的風險提示》，表示已將涉嫌為虛擬通貨交易提供虛擬通貨軟體服務的北京取道文化發展有限公司進行清理整頓，並責令註銷該公司，官方網站亦已暫停使用[46]。並警告其轄內的相關機構，不得為虛擬通貨相關業務提供經營場所、商業展示、營業行銷等服務。

綜上所述，中國當局對於境內的虛擬通貨交易平台、支付機構之相關業務活動，所採取的係如同 2017 年對於 ICO 業務一刀切的作法，惟

---

[46] 北京取道文化發展有限公司成立於 2016 年 4 月 13 日，經營包括文化藝術交流、電影策畫、文藝創作等業務，其經營業務雖與虛擬通貨無關，惟其股份係由宮偉 100% 持有，而宮偉則為另一家主要經營網路技術開發，同時經營貓力幣錢包、貓力幣交易所和貓力幣支付系統的貓力高高技術服務有限公司的大股東，而貓力幣交易所目前也已關閉並停止營運。

對於 VASPs 全面禁止的政策仍符合 FATF 對於虛擬通貨洗錢防制的要求，亦是其認可的監管措施之一[47]。

　　然，觀察前述之各項公告、通知，對於一般人民僅進行良性的自我保護宣導，可知中國當局目前尚未禁止人民持有虛擬通貨，故在支付機構和交易所被關閉的現況下，中國境內似乎僅剩風險較大並由交易雙方自行媒合的 C2C 模式可進行虛擬通貨的兌換和交易。

第二款　全面禁止之例外——香港

　　雖然香港當前的獨立性備受質疑，但有別於中國當局對於 VA 交易活動採取全面禁止的態度，香港當局於 2020 年底即針對如何建立 VASPs 的發牌制度發佈《有關香港加強打擊洗錢及恐怖分子資金籌集規管的立法建議公眾諮詢》。與 2019 針對涉及證券型虛擬通貨的交易平台所提出之「自願發牌制度」[48]不同，「諮詢總結」中定調無論係證券型或非證券型虛擬通貨，任何人如要在香港經營 VASPs，且只要事業範圍之一部或全部發生在香港者，均須向證券及期貨事務監察委員會（證監會）申請營業牌照[49]，且持有牌照的 VASPs 亦應遵循香港《打擊洗錢條例》有關 CDD 程序、大額及可疑交易活動報告、客戶資料維護、交易紀錄保存、內稽內控要求、配合主管機關調查等義務[50]，該

---

[47] 見第 2 章，*Supra* note 71, at 8.

[48] BLOCK TEMPO（2021），〈解讀｜香港 VASP 管制將從「自願發牌」到「強制持牌」，新規框架一次探究〉，https://www.blocktempo.com/hongkong-sfc-wants-crytpocurreny-to-be-fully-regulated/（最後瀏覽日：2021/09/15）。

[49] BLOCK TEMPO（2021），〈排擠大眾！香港「VASP 牌照監管」將入立法會，90%散戶恐轉戰海外、無牌交易所〉，https://www.blocktempo.com/hk-vasp-certification-regulation-going-into-legislative-council/（最後瀏覽日：2021/09/15）。

[50] 財經事務及庫務局（2021），〈有關香港加強打擊洗錢及恐怖分子資金籌集規管的立法建議公眾諮詢諮詢總結〉，頁 4。

「諮詢總結」對於 VASPs 和 VA 的具體適用範圍亦有更細緻的規定。

就 VA 部份，「諮詢總結」認為應將其界定為 1.以數碼形式表達、計算或儲存價值的資產單位；2.其功能（或擬議功能）是作為公眾接受的交易媒介，可作貨物或服務付款、清償債項或投資用途；和 3.可透過電子方式轉移、儲存或買賣[51]。惟須注意「諮詢總結」所指之 VA 並不包含數位法幣、有價證券以及封閉式、有限用途（如遊戲代幣、信用卡獎勵、遊戲代幣等），且強調 VA 的定義亦是用各種形式的虛擬通貨，同時亦包含穩定幣[52]。

而就 VASPs 部份，係指容許客戶以法幣或 VA 買賣任何 VA，並在業務過程中曾保管、操控、控制或管有任何法幣或 VA 的交易平台，惟交易平台並未在任何時間管有客戶的法幣或 VA，且實際上亦係在該平台外進行（如 OTC 場外交易），則非屬「諮詢總結」所欲監管之對象[53]，即無庸向證監會申請營業牌照，亦無須遵循《打擊洗錢條例》的相關義務。

基此，對於 VA 活動之監管已有較為明確的範圍，惟香港人民使用 VASPs 服務的門檻相當高，香港在前述「諮詢總結」中明確表示 VASPs 僅可服務「專業投資人」[54]，而所謂「專業投資人」在香港的定義中至少須擁有 800 萬港幣的資產，惟根據花旗銀行 2019-2020 年的《香港富裕人士研究報告》，擁有超過 1000 萬港幣資產的香港人約有 50.4 萬人[55]，佔香港總人口數的 7%，雖該資料之取樣與專業投資人之

---

[51] 前揭註50，頁5。

[52] 前揭註50，頁6。

[53] 前揭註50，頁5。

[54] 前揭註50，頁8。

[55] South China Morning Post，〈香港今年有更多美元百萬富翁，因為平靜的街道提振信心和對財富

資產門檻仍有一定差距，但「諮詢總結」仍可能造成超過 90% 的香港人失去合法使用 VASPs 的機會。就此部份，香港當局認為在 60 份的意見書中，雖有 40% 的意見書認為應給予散戶投資人使用 VASPs 服務的機會，但考慮到 VA 業務屬高科技行業並具有高度的投機性，且有鑑於 VA 行業所面臨的風險較傳統金融市場高，基於保障投資人的立場，香港當局仍認為至少在發牌制度的初期，限制 VASPs 僅可服務「專業投資人」的管制措施恰當[56]。

第三節　小結

本章說明美國和中國針對 VA 洗錢防制所採取的具體措施。首先，美國聯邦層次主要係以 BSA 作為監管的法源，在監管主體方面亦係採與 FATF 相同，以 VASPs 為監管對象的監管策略，且為將 VASPs 納入 BSA 的監管範圍，FinCEN 透過解釋 31 CFR § 1010.100(ff) 條文與發布相關指引擴大 MSB 的定義，將 VASPs 劃入 MSB 中第五類的「匯兌業者」，並使其負相關的洗錢防制義務。惟 VASPs 與傳統的 MSB 畢竟本質上仍有不同，故在州層級如紐約州，即在 2015 年基於紐約州金融服務法（New York State Financial Services Law）的授權，發佈了虛擬貨幣法規 23 NYCRR Part 200，並建立所謂的「虛擬通貨許可管制架構」（BitLicense Regulatory Framework），內容囊括 VASPs 資格要求、使

的看法〉，https://www.scmp.com/business/money/article/3102726/hong-kong-has-more-us-dollar-million aires-year-calmer-streets-boost?module=perpetual_scroll&pgtype=article&campaign=3102726（最後瀏覽日：2021/09/16）。

[56] 前揭註 50，頁 9。

用者資產保護、消費者保護、VA 和 VASPs 等各項定義，以及 VASPs 應遵循的各項反洗錢義務。

再就中國部份，雖自 2007 年即正式施行《中華人民共和國反洗錢法》，且依規定在中國境內設立的金融機構和特定非金融機構，應依法採取預防、監控措施，並建立客戶身份識別、資料保存制度，並對大額或可疑交易進行申報等反洗錢義務，惟因中國當局並未對世界趨勢的改變作出反應並對其進行修法，以致對於 VASPs 和 VA 的定義均不明確，且因近年利用 VA 所為之洗錢等犯罪迅速攀升，中國當局基於前述保障人民財產以及抑制犯罪的理由，加大了對於 VA 活動的監管力度，分別於 2013 年至 2021 年間發佈了數項通知、公告，明確表示虛擬通貨不具有法償性等貨幣性質，不能也不應作為貨幣在市場上流通使用，且有關金融機構、支付機構、網路平台等組織不得直接或間接為客戶提供其他與虛擬通貨相關的服務，包括但不限於：為客戶提供虛擬通貨交易、接收或作為支付工具、開展虛擬通貨的儲存和託管等服務，且網路交易平台（VASP）亦不得為虛擬通貨相關業務提供網路經營場所、行銷、商業展示等服務，並於 2021 年 7 月 6 日於發佈《關於防範虛擬貨幣交易活動的風險提示》，表示已將涉嫌為虛擬通貨交易提供虛擬通貨軟體服務的北京取道文化發展有限公司進行清理整頓，並責令註銷該公司，同時再度告其轄內的相關機構，不得為虛擬通貨相關業務提供經營場所、商業展示、營業行銷等服務。基此，雖法規上對於 VASPs 所應盡之反洗錢義務並不明確，但基本上係採取全面禁止的監管態度。

有趣的是，香港雖因國安法而使外界質疑其獨立性，但有關 VA 活動之監管，有別於當局全面禁止的政策，香港主管機關係採有限開放的監管措施，除對於 VA 和 VASPs 的定義有明確的定義外，更建立 VASPs 的營業牌照制度，依《有關香港加強打擊洗錢及恐怖分子資金

籌集規管的立法建議公眾諮詢》的諮詢總結，無論係證券型或非證券型虛擬通貨，任何人如要在香港經營 VASPs，均須向香港證監會申請營業牌照，並須遵循《打擊洗錢條例》的相關義務，惟在香港境內使用 VASPs 服務的門檻相當高，只有所謂的「專業投資人」可享受 VASPs 的服務。

縱上所述，美國和中國對於 VA 活動所採取之監管措施雖有不同，惟在目的上，均係為防堵近年有關虛擬通貨洗錢犯罪等不法行為，我國近年亦有許多聲音呼籲主管機關應對虛擬通貨活動採取符合國際趨勢之積極作為，對此，我國主管機關亦針對 VA 相關活動監管作出積極之回應，至於具體的措施及成效如何？本書將於後續對我國虛擬通貨洗錢防制規範進行說明。

第四章　我國虛擬通貨洗錢防制規範現況

第一節　我國洗錢防制法制概述

第一項　洗錢防制法制發展沿革

　　我國於 1988 年為因應《禁止非法販運麻醉藥品和精神藥物公約》對於洗錢防制之重視，參酌當時如日本、英國、美國等國家之立法[1]，於 1996 年 10 月 23 日發佈我國之洗錢防制法，並於 1997 年 4 月 23 日正式施行。

　　雖我國於 2001 年接受 APG 的第一輪評鑑時，由於當時適逢 APG 的創立之初，相關評鑑程序及項目均尚未健全，而我國當時所制頒之洗錢防制法亦為亞洲第一部洗錢相關專法[2]，且亦有法務部調查局作為我國之金融情報中心並執行洗錢防制之相關業務[3]，故評鑑結果為佳；隨著時間推進，各國之洗錢防制規範亦日益完備，我國雖亦於 2003 年、2006 年及 2007 年進行了 3 次洗錢防制法之修法[4]，惟並未與國際間之

---

[1]　詳見舊洗錢防制法第 1 條之立法理由

[2]　蔡佩玲（2018），〈我國接受亞太防制洗錢組織第三輪相互評鑑紀實與評鑑後之展望〉，《財金資訊》，96 期，頁 2-3。

[3]　法務部調查局洗錢防制處（2019），〈歷史沿革〉，https://www.mjib.gov.tw/EditPage/?PageID=e21658e0-bde6-475f-884d-f2415a446d02（最後瀏覽日：2021/03/03）。

[4]　見第 3 章，註 33。

洗錢防制共識相符,因此,於 2007 年 APG 的第二輪相互評鑑時,即被認為相關規範及制度並未合乎國際之標準,而列入加強追蹤等級,且我國在追蹤期間仍未有效改善制度之缺失,故被 APG 警告可能再次降等,並在第三輪評鑑開始前,將我國轉為過渡追蹤程序名單[5];而由於本應在 2013 年開始的第三輪評鑑,因 APG 評鑑人力不足而延至 2018 年,我國為避免在第三輪評鑑再遭降等,而可能嚴重影響我國金融地位。自 2008 年起即歷經數次修法,並於 2012 年後,參照 FATF 所修正之 40 項建議進行修法之研議[6],於 2016 年正式採用 FATF 40 項建議以風險為本的洗錢防制措施,並就所管制之主體、客體、行為、規範主體之義務以及違反規定之法律效果,均參照 FATF 之建議與指引進行全面性的修正。

我國在歷經數次洗錢防制法之修法後,終於在 APG 的第三輪相互評鑑程序中獲得佳績,惟國際就洗錢管制的焦點,近年已從真實世界的資產轉為作用於區塊鏈上的虛擬通貨,如前所述,此亦將為下一輪相互評鑑程序之重點,為能順利通過國際對新一輪洗錢防制監管之要求,我國遵循 FATF 以 VASPs 為主的虛擬通貨管制趨勢,於 2018 年修法時,於該法第 5 條第 2 項將「虛擬通貨平台及交易業務之事業」明文納入洗錢防制法之監管主體,並要求其應遵循等同金融機構之高規格自律義務,且觀其立法理由,亦係參考 FATF 所發布之風險指引並參考他國之立法例而為,故本書就本章所指「虛擬通貨平台及交易業務之事業」,亦以「VASPs」稱之,至於 VASPs 之適用範圍及交易型態,則由法務

5　過渡追蹤程序 (Transition Follow-up Procedure),係指在第二輪評鑑結束至第三輪評鑑開始前之中間程序,並要求在第二輪評鑑具嚴重缺失且未改善完成之會員國,在此中間程序持續報告並改進缺失。

6　前揭註 2,頁 2-3。

部會同中央目的事業主管機關報請行政院指定。

第二項　我國洗錢防制法架構

　　有鑑於洗錢防制法於 2016 年之修法，為我國近年最重要的修法之一，一改我國以往只重視後端刑事查緝的做法，蓋洗錢防制法之本質乃係附屬於刑法的特別法，雖亦具有追查洗錢犯罪之目的，但若前端行為人之金流軌跡無法掌握、辨識，則後端的的刑事查緝、乃至沒收均難以執行[7]，故無論前端之辨識、管制，或後端之刑事追緝和沒收，均係整個洗錢防制架構不可或缺的一環，且加強前端金流軌跡的作法亦為近年國際間反洗錢管制之趨勢，故於該法第一條之立法理由中亦表明針對國際間日益複雜的洗錢態樣，除後端之刑事追訴外，阻斷其金流並建立透明化金流軌跡，始能徹底杜絕洗錢犯罪之發生，並於該法中直接引用 40 項建議中的建議 1、3、4、11、12、19、21、22、23、32 共計 10 項建議。故該次之修法目的，乃在健全洗錢防制體質，重建金流秩序，同時與國際之監管制度接軌[8]。

　　基此，本項將以 2016 年修法所重新建立之洗錢防制體系，輔以 2018 年所為之進一步細項調整，對我國洗錢防制法進行架構式之介紹。2016 年之修法有 4 大重點[9]，分別為擴大洗錢犯罪之追訴範圍、建立透明化金流軌跡，健全我國洗錢防制體質、強化國際合作。

---

[7]　林鈺雄、蔡佩玲、楊雲驊、林志潔、李聖傑、李宏錦、謝建國、金延華（2017），〈洗錢防制新法之立法評析〉，《月旦刑事法評論》，4 期，頁 117-118。

[8]　陳逸飛（2018），〈新洗錢防制新法修正要點介紹〉，《法觀人月刊》，229 期，頁 20。

[9]　林鈺雄、蔡佩玲、楊雲驊、林志潔、李聖傑、李宏錦、謝建國、金延華，見第 3 章註 37，頁 117-118。

首先，就擴大洗錢犯罪之追訴範圍部份，按舊法對洗錢行為之定義，係指（一）掩飾或隱匿因自己重大犯罪所得財物或財產上利益者。（二）掩飾、收受、搬運、寄藏、故買或牙保他人因重大犯罪所得財物或財產上利益者[10]。此種立法模式 APG 於評鑑程序中即點名其所涵蓋之洗錢行為態樣與階段範圍過窄[11]，故我國於 2018 年之新法修正，即參照 FATF 之 40 項建議之內容，將洗錢行為重新定義為（一）意圖掩飾或隱匿特定犯罪所得來源，或使他人逃避刑事追訴，而移轉或變更特定犯罪所得。（二）掩飾或隱匿特定犯罪所得之本質、來源、去向、所在、所有權、處分權或其他權益者。（三）收受、持有或使用他人之特定犯罪所得[12]；而關於洗錢之前置犯罪門檻，我國以往就洗錢之前置犯罪設有最輕本刑 5 年以上有期徒刑犯罪之門檻，此過高之門檻造成對於洗錢犯罪追訴受限，故我國於新法之第 3 條參考 40 項建議之第 3 項建議之立法模式，將最輕本刑 6 個月以上有期徒刑之犯罪，以及該項建議所列舉之特定犯罪如參與組織犯罪、資助恐怖主義、販賣人口等犯罪，設為規範之門檻；同時，新法第 18 條亦依建議 4 之意旨，引進擴大沒收之機制，令我國得在行為人判決確定前，即提前對其洗錢標的、洗錢或前置犯罪之收益、使用之工具以及對價而得之資產進行沒收[13]。

就建立透明化金流軌跡部份，如前所述，現今之洗錢防制趨勢乃更加著重於前段金流軌跡之辨識，而關於金流軌跡之追蹤方法，國際間通常係要求金融機構與非金融機構落實 KYC（Know Your Customer）程

---

[10] 參舊洗錢防制法第 2 條規定。

[11] 許兆慶、彭德仁（2017），〈洗錢防制之立法宗旨及國際規範本土化過程〉，《財產法暨經濟法》，50 期，頁 52。

[12] 參新洗錢防制法第 2 條規定。

[13] 前揭註 11，頁 49。

序確認客戶之身份以及該筆交易之實質受益人，並應進行交易紀錄之保存[14]。惟我國以往僅要求金融機構於特定條件下始需保存紀錄，為弭平與國際之落差，我國就新法 7 至 12 條之部份，參考 FATF 第 11、12、19、21、22、23、32 項建議之內容[15]（建議內容詳見第 2 章第 2 節第 3 項），要求進行全面性的客戶盡職調查（CDD），調查之項目包括客戶之資金來源是否合法、交易之實質受益人、客戶是否為屬國內外之重要政治人士或其親近之人、是否來自洗錢高風險國家等，且就前述之紀錄亦應保存至少 5 年並持續追蹤，至金融機構因申報可疑交易而違反契約或法律上之保密義務亦豁免其民、刑事責任；至於如賭場、律師、不動產經紀人、會計師、寶石交易商等指定之非金融機構人員，在與客戶進行特定交易時，亦有執行前述金融機構 CDD、資料保存以及申報可疑交易之義務[16]。

　　再就健全我國洗錢防制體質部份，雖以往亦規範洗錢防制之規範主體，應有對內部人員之訓練，以及相關洗錢防制之程序等，惟對於該等程序，卻未給予主管機關查核之權限，亦未課予主管機關查核之義務以及相關罰責，故新法第 6 條即規定金融機構就洗錢防制之內控程序以及相關專責人員之訓練等注意事項，應報請主管機關備查，而就金融機構對於前述注意事項之執行，主管機關或其所委託之其他機關、法人或團體亦應定期查核；至指定之非金融機構人員之注意事項則由主管機關另訂之，而對於規避、拒絕或妨礙查核之金融機構或指定之非金融機構，主管機關亦得對其處以罰鍰。

---

[14]　前揭註 7，頁 119。

[15]　前揭註 11，頁 50。

[16]　前揭註 8，頁 20。

　　最後就強化國際合作部份，則於新法第 18 條及第 21 條規定，關於我國與外國政府、機構或國際組織就洗錢犯罪案件之協助、執行沒收犯罪之所得或其他追討犯罪所得事項，我國得依互惠原則與前述該等外國組織、法人簽訂洗錢防制之條約或協定。另由於我國特殊之地理環境，亦應加強與香港、澳門地區之資訊合作，故於同條亦加訂上述兩地區可準用與外國政府之規定簽訂條約或協定[17]。

　　然，新法雖於第 6 條新增了金融機構與指定非金融機構人員的內稽內控規範，惟就規範強度上仍未達到國際之標準，故我國於 2018 年即對該條進行修正需亦再度強調各機構及非金融機構人員所訂之內稽內控制度，應以「風險為本」為基礎，並針對各行業之風險差異及規模大小進行調配與風險相當之管制措施[18]。除此之外，為順應國際重視虛擬通貨洗錢以 VASPs 為管制主體之趨勢，故亦於第 5 條第 2 項中新增「虛擬通貨平台及交易業務之事業」之文字，惟 VASPs 之範圍，以及適用之交易型態，如前述依同條第 6 項之規定，由法務部會同中央目的事業主管機關報請行政院指定之。

第三項　小結

　　我國之反洗錢制度雖自 1996 年亞洲第一部洗錢防制法問世以來幾經波折，終於在 2018 年 APG 的第 3 輪評鑑中獲得佳績，此一成果有賴於我國於 2016 年對洗錢防制法的大幅修正，無論係洗錢之行為態樣、受規範主體、受規範主體所應踐行之內稽內控等義務，以及主管機關對

---

[17]　前揭註 7，頁 119。

[18]　蔣念祖（2021），《洗錢防制國際評鑑與風險治理》，元照，頁 46。

受規範主體查核之權限，均進行了貼合國際趨勢（尤指 FATF 之 40 項建議）之修正，並在 2018 年就規範主體之範圍、受規範主體之內控要求，以及主管機關查核「權、義」部份亦進行了補強。為有效地統整我國洗錢防制法對於受規範主體所課予之義務及範圍，並利後續於我國政策與主要國家政策異同之比對，故以下述表格之形式進行我國洗防法之架構統整：

	金融機構	指定非金融機構人員
內稽內控與主管機關查核——洗錢防制法第 6 條	內稽內控之內容應包括：一、防制洗錢及打擊資恐之作業及控制程序。二、定期舉辦或參加防制洗錢之在職訓練。三、指派專責人員負責協調監督第一款事項之執行。四、備置並定期更新防制洗錢及打擊資恐風險評估報告。五、稽核程序。六、其他經中央目的事業主管機關指定之事項。	
	違反內稽內控要求，如未依規定建立制度，或由主管機關限期改善仍未改善者，處新臺幣五十萬元以上一千萬元以下罰鍰；規避、拒絕或妨礙現地或非現地查核者，新臺幣五十萬元以上五百萬元以下罰鍰。	違反內稽內控要求，如未依規定建立制度，或由主管機關限期改善仍未改善者，處新臺幣五萬元以上一百萬元以下罰鍰；規避、拒絕或妨礙現地或非現地查核者，新臺幣五萬元以上五十萬元以下罰鍰。
客戶盡職調查（CDD）義務——洗錢防制法第 7 條	1.應以風險為基礎之方法，進行確認客戶身份之程序，並自業務關係終止時起，仍須保存至少五年；臨時性交易亦同。 2.對於曾任或現任國內外政府或組織重要政治性職務之人及其密切相關之人，亦應以風險為基礎之方法，進行加強的客戶審查程序。	

	違反客戶盡職調查程序，處新臺幣五十萬元以上一千萬元以下罰鍰。	違反客戶盡職調查程序，處新臺幣五十萬元以上一千萬元以下罰鍰。
紀錄保存義務——洗錢防制法第8條	因執行業務而辦理國內外交易，自交易完成時起，應保存必要交易紀錄至少五年。	
	違反上述規定者，處新臺幣五十萬元以上一千萬元以下罰鍰	違反上述規定者，處新臺幣五萬元以上一百萬元以下罰鍰
大額交易申報義務——洗錢防制法第9條	達一定金額以上通貨之交易，應向法務部調查局申報之，同時免除申報者保守秘密之義務。	達一定金額以上通貨之交易，應向法務部調查局申報之，同時免除申報者保守秘密之義務。
	該「一定金額」依金融機構防制洗錢辦法之規定，為新臺幣五十萬元。	該「一定金額」依各行業別之授權辦法訂之。
	違反大額通報者處金融機構新臺幣五十萬元以上一千萬元以下罰鍰。	違反大額通報者處金融機構新臺幣五萬元以上一百萬元以下罰鍰。
可疑交易申報義務——洗錢防制法第10條	對疑似犯第十四條、第十五條之罪之交易，應向法務部調查局申報，對於交易未完成者，亦同；同時亦免除申報者之保守密義務。	
	違反可疑交易申報義務者新臺幣五十萬元以上一千萬元以下罰鍰。	違反可疑交易申報義務者新臺幣五萬元以上一百萬元以下罰鍰。

　　由上述表格可知，我國目前對於金融機構與指定非金融機構事業及人員，在內稽內控以及相關 CDD 程序要求和申報義務之要求，已趨一致。就金融機構之管制部份，於洗錢防制法所授權的「金融機構防制洗錢辦法」中，亦就 FATF 於 40 項建議及解釋性註釋所要求，關於「一

定金額」交易之通報、確認客戶身份之時機、確認客戶身份應採取之方式、以及基於風險所採取的加強或簡化措施等進行細部之規範，且皆係以本書前述 FATF 40 項建議之內容為參考；至指定之非金融機構之事業及人員部份，則亦有如律師辦理防制洗錢確認身份保存交易紀錄及申報可疑交易作業辦法等各業規範，可見我國對於傳統型態的洗錢防制監管已與 FATF 之要求大致吻合。惟對於「虛擬通貨平台及交易業務之事業」的具體範圍以及相關的規範客體仍未有明確之描述。

第二節　以虛擬通貨交易平台為中心之洗錢防制規範現況

且依前述洗錢防制法第 5 條第 2 項中新增「虛擬通貨平台及交易業務之事業」文字之意旨，可知我國對於虛擬通貨的反洗錢監管，亦非以持有虛擬通貨之個人為監管之主體，而係採與 FATF 及他國主流以 VASPs 作為監管主體之管制措施，惟各國法律之體制及 VA 市場之體質皆有不同，在制度之建立上或出現些微調整以融入該國之法體系，基此，本節即自我國 VASPs 產業之概況為始，說明我國對於 VASPs 之監管現況。

第一項　虛擬通貨交易平台產業概況

自 2017 年至今，我國私人所設立之 VASPs 及其業務亦持續增加，當中包括中心化交易平台（下稱 CEX）、去中心化交易平台（下稱 DEX）及混合式去中心化交易所（Hybrid-decentralized Exchange，下稱

HEX），採取中心化模式之業者包括 BitAsset、MAX、BitoPro、
ACE、數寶等交易平台，採去中心化交易平台為 Starbit，而採取混合式
去中心化交易平台者為 Joyso[19]。CEX、DEX 與 HEX 三者的主要差別在
於，CEX 如同傳統銀行一般，具有一中心化的管理核心，傳統銀行的
中心化管理核心為國家，而 CEX 則係由個別企業作為核心，並由該企
業負責交易平台的營運、風險管控、以及每筆的有效性和解釋權等[20]，
其中最為重要者為若一用戶欲透過某交易平台進行 VA 的移轉，則須先
於該交易平台完成註冊並通過 KYC 程序後，始得進行掛單交易，且用
戶所轉移之 VA 並未直接移轉至該用戶之個人錢包，而係暫時儲存於交
易平台的託管錢包中[21]，故用戶在平台上進行 VA 交易時，即可進行更
高效率的交易同時掛單的成功搓合率也較大，惟亦因用戶所移轉交易的
VA 係儲存於交易平台的託管錢包中，故如交易平台遭駭客攻擊或交易
平台業者關閉服務系統時[22]，均會影響非實際持有 VA 的用戶權益，且
因 CEX 之 VA 交易係發生在由平台或交易所管理的中心化帳本，而非
分散式帳本，故用戶透過 CEX 進行交易即無法達到 VA 原本預期的去
中心化及不易竄改等特性，基此，由於交易所大量持有用戶的 VA，且
交易高達 99.9%並未發生在分散式帳本中，故 CEX 本質上與傳統金融

---

[19] 見第 1 章註 11，頁 1337-1338。

[20] 幣安（2021），〈去中心化 DEX、中心化 Exchange 與 Trust Wallet 金流投資操作詳解〉，https://www.rayskyinvest.com/13599/binance-dex-intro（最後瀏覽日：2021/08/10）。

[21] 桑幣知識，〈加密貨幣交易所——推薦的中心化和去中心化交易所〉，https://know.zombit.info/%E5%8A%A0%E5%AF%86%E8%B2%A8%E5%B9%A3%E4%BA%A4%E6%98%93%E6%89%80/（最後瀏覽日：2021/08/10）。

[22] BLOCK TEMPO（2020），Advac L.，〈重磅！幣寶日本發函解除契約、終止系統服務，台灣市場「數億消失資產」該如何彌補？〉，https://www.blocktempo.com/bitpoint-jp-stop-the-contract-of-tw/（最後瀏覽日：2021/08/10）。

機構已十分接近[23]。

　　至於 DEX 則類似於 P2P 交易平台，係透過以太坊及智能合約來完成 VA 點對點的交易，用戶使用此種型態的交易平台，不必將所持有的 VA 儲存於交易平台的託管錢包，且由於 DEX 僅扮演一個單純負責媒合交易雙方的角色，故對其用戶不必進行 KYC 的認證程序，從而使用戶享有更高的匿名性。基於 DEX 高度匿名性的特性，此類平台業者通常未對其用戶強制適用 KYC 程序[24]，有論者即認為以去中心化金融（DeFi）為旨所建構的 DEX 恐成下一個洗錢犯罪者的天堂[25]，先前由於 FATF 對於 VA 監管的主流想像，仍係以扮演 VA 與法幣窗口角色的 CEX 為基礎，且由於 DEX 通常不提供法幣交易，故用戶若想實現獲利仍須透過 CEX 進行法幣與 VA 間的轉換[26]。是以，國際先前對於 DEX 的管制並未嚴格要求業者應踐行 CEX 所被課予應踐行之 CDD、內稽內控及申報可疑交易等義務，惟此種寬鬆態度已隨著 DEX 的交易量快速上升或有所轉變，並成為前述 FATF 所注意之對象[27]。

　　就 HEX 部份，則同時具備 CEX 與 DEX 的雙重特徵，在用戶的交易方面，係透過交易所作為中介機構來進行市場交易的撮合並確保每筆

---

[23] 見第 1 章註 11，頁 1323。

[24] Dupuis, D. and Gleason, K. Money laundering with cryptocurrency: open doors and the regulatory dialectic, Journal of Financial Crime,（2020）.

[25] BLOCK TEMPO（2020），Claire Lin，〈Defi 是洗錢天堂？加密犯罪若出圈到 DeFi，監管風險不容小覷〉，https://www.blocktempo.com/regulators-warned-defi-is-becoming-moeny-laundry-heaven/（最後瀏覽日：2021/08/10）。

[26] 科技新報（2021），Chen kobe，〈DeFi 默默養大去中心化交易所，Uniswap 市值高達 366 億美元〉，https://technews.tw/2021/05/26/uniswap-volume-36b-usd-with-defi-growth/（最後瀏覽日：2021/08/10）。

[27] *Outcomes FATF Plenary, 22, 24 and 25 February 2021,* FATF, *available at* http://www.fatf-gafi.org/publications/fatfgeneral/documents/outcomes-fatf-plenary-february-2021.html (last visited AUG. 10, 2021).

撮合一定會上鏈而完成實時更新掛單的步驟[28]，而 HEX 與 CEX 最大的差別，在於用戶透過智能合約的設定，對於其資金仍保有控制權。此種同時擁有 CEX 與 DEX 特點的交易所由於在撮合時仍會扮演中介機構的角色，故通常仍會被認為係作為企業或代表其他法人或自然人進行虛擬通貨之轉換，而受洗錢防制法之規範。

　　而關於我國 VASPs 業者對於反洗錢監管之處置，由於相關的授權辦法遲未發佈，且 FATF 亦於 2020 年第一次回顧指引提到將自 2020 年 6 月起再進行 12 個月關於 VASPs 是否完成 AML/CFT 制度之建立[29]，在時間上已迫在眉睫，業者為避免後續因國家法治未完全等問題而影響其國際業務，故多數業者採取超前佈署的作法，建立自律組織並推動業者間的自律規範，如亞太區塊鏈發展協會於 2018 年制訂的虛擬通貨交易所會員自律公約[30]，以及臺灣金融科技協會於 2018 年制訂的交易所行為準則[31]皆屬之，雖該等自律規範均經過各業者同意並簽署，然自律規範的內容多欠缺具體的措施，亦未真正課予業者具體的行為義務，同時亦缺乏公權力的介入，且我國交易平台事業亦持續出現營運以及消費者保護等侵害用戶權利而求償無門的個案出現，雖並非直接與洗錢行為

---

[28] Taipei Ethereum Meetup（2018），〈JOYSO——混合式去中心化交易所〉，https://medium.com/taipei-ethereum-meetup/joyso-%E6%B7%B7%E5%90%88%E5%BC%8F%E5%8E%BB%E4%B8%AD%E5%BF%83%E5%8C%96%E4%BA%A4%E6%98%93%E6%89%80-89c0afcb8744（最後瀏覽日：2021/08/23）。

[29] 工商時報（2020），陳碧芬，〈等不到洗錢防制子法 台虛擬資產業超前部署〉，https://ctee.com.tw/wealth/fintech/265850.html（最後瀏覽日：2021/08/23）。

[30] 亞太區塊鏈發展協會（2018），〈虛擬通貨交易所會員自律公約〉，https://apbcd.org/sro.html（最後瀏覽日：2020/08/03）。

[31] 臺灣金融科技協會（2018），〈交易所行為準則〉，http://www.fintech.org.tw/gallery/code%20of%20conduct%20for%20exchanges%20chi+eng%2020180914%20final%20v3.pdf（最後瀏覽日：2020/11/10）。

相關，仍顯示單靠業者自律仍嫌不足，再按前述 2019 年指引之意旨，有關 VASPs 之監管，應由政府介入而非依靠業者自律，基此，為應對即將到來之 APG 相互評鑑，仍有建立以國家為中心的 VA 洗錢防制監管制度之必要。

第二項　虛擬通貨交易平台之管制

第一款　虛擬通貨交易平台管制之困境

　　我國於 2018 年對洗錢防制法進行修正時，雖於該法第 5 條將 VASPs 納入管理的框架，惟依該條所使用之文字「虛擬通貨平台及交易業務之事業」，且我國亦未如美國「匯兌業者」（Money transmitter）之概念，故亦無法透過解釋以確定其所欲規範之事業範圍，且雖於該條第 4 項授權由法務部會同中央目的事業主管機關報請行政院指定，惟時至 2021 年 3 月行政院及金管會仍未發佈函令指定事業之納管範圍。

　　再者，FATF 亦於 2019 指引中即強調各國應建立 VASPs 的登記設立制度，以有效地防堵透過 VA 洗錢之行為，觀前述美國紐約州即要求 VASPs 業者如有從事「匯兌」之行為，即必須申請執照始得為之，香港亦同，其他如日本、澳洲等國亦要求 VASPs 須向其金融情報中心登記並遵循洗錢防制規定始得開始經營[32]。然，我國至今仍無訂定業別和業別代碼，而致相關 VASPs 業者無從進行登記。

　　退一步言之，縱解決事業之規範範圍以及登記制度之問題，我國洗

---

[32] 中華民國立法院（2018），安怡芸，〈虛擬通貨納入管理之相關問題研析〉https://www.ly.gov.tw/Pages/Detail.aspx?nodeid=6590&pid=176371（最後瀏覽日：2021/08/03）。

錢防制法中雖規定 VASPs 適用該法有關金融機構之規定，惟 VASPs 在性質上畢竟與傳統金融機構不完全相同，洗防法亦難以一體適用，有論者即呼籲相關主管機關應整合研議相關管理之法令[33]。

第二款　虛擬通貨交易平台管制之突破

就 VA 反洗錢之監管，金管會於 2019 年發佈函令[34]將具有證券性質的 VA 歸為證券交易法下的有價證券，惟此函令恐使提供證券性質虛擬通貨交易的交易平台（STO），構成未經許可經營證券業務而違反我國證交法的相關規定，故金管會與財團法人中華民國證券櫃檯買賣中心（下稱櫃買中心）為鼓勵創新，復於 2020 年制定證券商經營自行買賣具證券性質之虛擬通貨業務管理辦法（簡稱 STO 管理辦法）[35]，開放 STO 業務平台業者得申請取得證券自營商執照以經營相關業務，惟該等 STO 平台業者仍應符合證券商防制洗錢及打擊資恐(AML/CFT)之規定[36]，如限制相關虛擬通貨發行人僅得於同一平台募資，且募資之標的僅得於三千萬新臺幣內為之，同時發行人亦應編制公開說明書以及揭露其他專家意見書等相關資訊[37]，進而開啟了我國對於 STO 交易平台的監管。雖對於執照取得之資格條件及業務進行之限制仍有爭議，惟相較非證券性質之虛擬通貨交易平台，已屬難得；對於非證券性質之虛擬通

---

[33] 工商時報（2019），名家廣場，〈虛擬通貨平台業者 對《反洗錢防制法》修正案意見〉，https://view.ctee.com.tw/legal/8743.html（最後瀏覽日：2021/08/03）。

[34] 金管會(108)金管證發字第 1080321164 號函。

[35] 見第 1 章註 11，頁 1343-1344。

[36] 金管會（2021），〈金管會提醒社會大眾有關虛擬資產的相關風險〉，https://www.fsc.gov.tw/ch/home.jsp?id=2&parentpath=0&mcustomize=news_view.jsp&dataserno=202104200003&dtable=News（最後瀏覽日：2021/08/03）。

[37] 鄭旭高（2019），〈金融科技術概覽（九）——台灣虛擬通貨相關管理規劃〉，2019 卷 11 期，元照出版公司，頁 1。

貨交易平台，我國洗錢防制法雖已明訂有關金融機構之義務要求，對於虛擬通貨交易平台業者亦有適用，惟具體上應將何種類型之虛擬通貨交易平台納管卻未有明確之規範。

　　我國雖於 2019 年 APG 第三輪洗錢防制評鑑中達最佳的「一般追蹤名單」[38]（從優到劣分別為「一般追蹤名單」，代表反洗錢成效極佳，僅需兩年提交一次報告；「加強追蹤名單」，需每年提交一次報告；「加速加強追蹤名單」，則需每季或每月提交一次報告；「不合作名單」則將被 FATF 列管而須遵照 FATF 之要求提出具體之改善措施並加以追蹤），惟該次評鑑的重點多集中在於受評鑑國之國內洗錢防制法制，對於 FATF 在 2012 年大幅修正之 40 項建議所提出之各項反洗錢要求，是否有相應之修正和遵循[39]。

　　有鑑於 FATF 對 VA 業務正式納入監管，應可認係始於 2018、2019 年分別對第 15 項建議及其解釋性註釋進行增補，並發佈與 VA 及 VASPs 相關風險指引之時，故 APG 於 2018 年對我國所進行的第三輪洗錢防制評鑑並未特別重視虛擬通貨之監管；且 FATF 亦提到將啟動第二個為期 12 個月的審查，以評估各國對 VA 和 VASPs 之監管實施狀況[40]。因此，可預期 APG 之第四輪評鑑應係以 VA 及 VASPs 之監管為主軸，由於 FATF 近年提出的風險指引及對 40 項建議的補充、修正中，

---

[38] 行政院新聞傳播處（2019），〈第 3 輪洗錢防制評鑑 台灣獲佳績——金流透明 世界好評〉，https://www.ey.gov.tw/Page/5A8A0CB5B41DA11E/bdf44d9a-f4f0-43aa-99f2-771f612983ac（最後瀏覽日：2021/08/03）。

[39] *MUTUAL EVALUATIONS*, APG, *available at* http://www.apgml.org/mutual-evaluations/page.aspx?p=a901712a-54e4-4b3b-a146-046aefca6534 (last visited AUG. 03, 2021).

[40] *Outcomes FATF Plenary, 22, 24 and 25 February 2021*, FATF, *available at* http://www.fatf-gafi.org/publications/fatfgeneral/documents/outcomes-fatf-plenary-february-2021.html (last visited AUG. 10, 2021).

皆強調對於 VASPs 之管制不應透過平台業者自律之方式為之,各國之主管機關應建立 VASPs 的許可登記制度,同時確保其能有效實施 FATF 關於洗錢防制和反資恐之建議,且主管機關亦應有足夠的權力得監督或強制境內之 VASPs 遵守反洗錢之要求,並對不符合者施以相應之制裁[41]。行政院終於在 2021 年 4 月 7 日依洗錢防制法第五條四項之授權,發布函令[42]指定「虛擬通貨」和「虛擬通貨平台及交易業務事業」之範圍,同時,金管會亦於 5 月 7 日邀請 8 家虛擬通貨平台業者[43]、法務部調查局,以及台灣區塊鏈大聯盟一同招開公聽會,共同討論依 FATF 所發佈之建議、指引所訂定「虛擬通貨平台及交易業務事業防制洗錢及打擊資恐辦法」(下稱「辦法」)之內容(「辦法」之具體內容詳見本書後述),同時於 2021 年 6 月 30 日對外發佈,惟正式施行日期除第 7 條有關 Travel Rule 的規定外,依「辦法」第 18 條規定自 2021 年 7 月 1 日施行。

第一目 主管機關之決定

依 2019 指引之意旨,各國對於 VA 之監管應按 FATF 第 2 項建議之規定,指定一中央機構負責督導、檢視國內虛擬通或反洗錢和打擊資恐之相關政策,我國就應由何機關作為 VA 業務之主管機關的部份亦曾有過中央銀行、金管會、法務部[44]等考量而出現舉棋不定的情形[45],如

---

[41] 見第 2 章,*Supra* note 24, Interpretive note to recommendation 15.

[42] 院臺法字第 1100167722 號

[43] 八家平台業者包含:王牌數位創新(Ace)、英屬維京群島商幣託科技(BitoPro)、現代財富科技(Maicoin)、思偉達創新科技(StarBit)、塞席爾商共識科技(Joyso)、京侖科技訊息(Statecraft)、亞太易安特科技(BitAsset)以及數寶(Subo)

[44] udn 聯合新聞網(2018),〈虛擬貨幣誰管?顧立雄首度鬆口「金管會可以」〉,https://www.inside.com.tw/article/14343-fsc-blockchain-cryptocurrency-bitcoin-law(最後瀏覽日:2021/08/03)。

[45] 何渝婷(2020),〈金管會將擔任虛擬通貨主管機關?主委黃天牧給予 3 點回應〉,https://tw.stock.yahoo.com/news/%E9%87%91%E7%AE%A1%E6%9C%83%E5%B0%87%E6%93%94%E4%BB%BB

央行總裁於立法院備詢時，即認為不應由央行擔任主管機關，蓋央行自始即認為虛擬通貨並非法定貨幣[46]，而算是一種金融商品，故央行並不具備擔任虛擬通貨業務的著力點[47]，且別的國家也非由央行來擔任[48]，同時，亦可於央行官網的常見問答中，明確了解央行認為其並非VASPs 主管機關的立場[49]。

　　惟此主管機關之爭議，亦因立法院於 2018 年所通過的洗錢防制法修正案中，明訂 VASPs 業者適用該法金融機構之規定，且於同年行政院亦指定由金管會擔任虛擬通貨業務洗錢防制的主管機關[50]，並於 2021年 5 月 25 日進行「辦法」草案的法規預告而塵埃落定[51]。

第二目　規範客體、主體與應遵循之義務

（一）規範客體

　　該「辦法」所規範之客體為「虛擬通貨」，而所謂「虛擬通貨」（VA），依辦法第 2 條 1 項 2 款之規定，係指「運用密碼學及分散式

%E8%99%9B%E6%93%AC%E9%80%9A%E8%B2%A8%E4%B8%BB%E7%AE%A1%E6%A9%9F%E9%97%9C-%E4%B8%BB%E5%A7%94%E9%BB%83%E5%A4%A9%E7%89%A7%E7%B5%A6%E4%BA%883%E9%BB%9E%E5%9B%9E%E6%87%89-120500145.html（最後瀏覽日：2021/08/03）。

[46] 中華民國中央銀行全球資訊網（2018），〈經營虛擬通貨交易平台是否要向央行申請核准？〉，https://www.cbc.gov.tw/tw/cp-2150-101139-f62bf-1.html（最後瀏覽日：2021/08/03）。

[47] 卡優新聞網（2019），張家嘯，〈虛擬貨幣主管機關　金管會表態願意承接〉，https://www.cardu.com.tw/news/detail.php?36612（最後瀏覽日：2021/08/03）。

[48] 自由財經（2018），〈誰來管理比特幣？ 顧立雄：金管會可以承接〉，https://ec.ltn.com.tw/article/breakingnews/2571159（最後瀏覽日：2021/08/04）。

[49] 中華民國中央銀行全球資訊網，前揭註 17，https://www.cbc.gov.tw/tw/cp-2150-101139-f62bf-1.html。

[50] 金融監督管理委員會（2021），〈預告「虛擬通貨平台及交易業務事業防制洗錢及打擊資恐辦法」草案〉，https://www.fsc.gov.tw/ch/home.jsp?id=96&parentpath=0,2&mcustomize=news_view.jsp&dataserno=202105250007&toolsflag=Y&dtable=News（最後瀏覽日：2021/06/03）。

[51] 金融監督管理委員會（2021），〈預告訂定「虛擬通貨平台及交易業務事業防制洗錢及打擊資恐辦法」〉，https://www.fsc.gov.tw/ch/home.jsp?id=133&parentpath=0,3&mcustomize=lawnotice_view.jsp&dataserno=202106020001&dtable=NoticeLaw（最後瀏覽日：2021/06/03）。

帳本技術或其他類似技術，表彰得以數位方式儲存、交換或移轉之價值，且用於支付或投資目的者。但不包括數位型式之新臺幣、外國貨幣及大陸地區、香港或澳門發行之貨幣、有價證券及其他依法令發行之金融資產[52]。」 惟就此定義仍有可檢討之處，詳見本書後述。

（二）規範主體

至規範主體部份，依「辦法」第2條1項1款之規定，所謂「虛擬通貨平台及交易業務事業」（VASPs），係指為他人從事下列活動：1.虛擬通貨與新臺幣、外國貨幣及大陸地區、香港或澳門發行之貨幣間之交換；2.虛擬通貨間之交換；3.進行虛擬通貨之移轉；4.保管、管理虛擬通貨或提供相關管理工具；5.參與及提供虛擬通貨發行或銷售之相關金融服務，並以此為業者[53]，且該款之「虛擬通貨平台及交易業務事業」亦係以在本國內設立登記者為限。

就文義上，該辦法對於 VASPs 的涵蓋範圍相當廣泛，首先就該款第一至三目所稱虛擬通貨之交換、移轉，就文義上即包含提供 VA 和法幣轉換，以及法幣間轉換服務之中心化（CEX）及混合式去中心化交易所；需特別注意者為本項第四目「保管、管理虛擬通貨或提供相關管理工具」之文字與 FATF 所用「虛擬通貨或相關工具的保管、管理或維護[54]」有所不同，有論者即認為有必要釐清該辦法草案所新增「提供相關管理工具之業者」之具體範圍為何[55]，蓋解釋上可包含 VA 託管錢包業

---

[52] 院臺法字第1100167722號。

[53] 同前註。

[54] 「Safekeeping and/or administration of virtual assets or instruments enabling control over virtual assets」

[55] 鏈新聞（2021），Elponcho，〈專楊平教授｜台灣虛擬防制洗錢辦法訪問岳岳平台，引發如何評論？〉，https://www.abmedia.io/interview-with-alex-yueh-ping-yang-on-taiwan-sec-draft（最後瀏覽日：2021/06/03）。

者固無疑問，此文字上之差異將影響前述非託管錢包業者，蓋其雖提供儲存 VA 之錢包，惟在通常情況下，錢包之私鑰係由用戶各人所持有並掌握，非託管錢包業者實際上對用戶之 VA 並無控制權，故執行上該類業者亦難以掌握用戶 VA 之流向[56]，除 FinCEN 於前述 FinCEN 2019 指引中嘗試將非託管錢包納管外，並無將非託管錢包納管之趨勢。就此部份，該目之立法理由給出回應，表明所謂「提供相關管理工具」係指為客戶保管私鑰者，故應不包含未為用戶保管私鑰之非託管錢包業者在內；第五目則是針對各項 VA 之承銷等行為，如 ICO、STO 等[57]。

且為避免重複規範，該辦法於第 2 條 3 項規定，洗錢防制法第五條所定金融機構及指定之非金融事業或人員，從事前述五類活動者，亦應回歸各該業別之洗錢防制規定及專責之主管機關管理，而不適用該「辦法」之規定。

（三）受規範主體應遵循之義務

如前所述，對於虛擬通貨之管制，我國亦係採取以 VASPs 為主之監管模式，且依洗錢防制法第 5 條 3 項之規定，VASPs 業者應踐行等同金融機構之義務，「虛擬通貨平台及交易業務事業防制洗錢及打擊資恐辦法」全文共計 18 條，本書就此部份即以表格之方式，就辦法草案有關 VA 洗錢防制監管相關之內容，進行重點式之整理：

---

[56] BINANCE–ACADEMY（2021），〈託管型 vs 非託管型 NFT：兩者有何分別？〉，https://academy.binance.com/zt/articles/custodial-vs-non-custodial-nfts-what-s-the-difference（最後瀏覽日：2021/06/03）。

[57] BLOCK TEMPO（2021），Lee Michael，〈台灣出手！行政院劃定 5 大虛擬通貨業者，交易所、ICO 銷售……需落實 KYC/AML 洗錢防制〉，https://www.blocktempo.com/taiwan-vasp-kyc-aml-regulation/（最後瀏覽日：2021/06/03）。

事業定義及範圍 （第 2 條）	就 VASPs、VA、建立業務關係、臨時性交易、實質受益人、風險基礎方法之定義及範圍進行說明。
客戶資料確認與保存 （第 3-6、8-9、10 條）	事業在與客戶建立業務關係、辦理單筆或多筆合計等值新臺幣三萬元以上之臨時性交易、發現疑似為洗錢交易、對客戶之資料真實性存疑時，應以可靠、獨立來源之資料對客戶之身份進行辨識及驗證[58]。而當客戶為法人、團體時，確認之內容應包括客戶之實質受益人[59]，以及該實質受益人是否所屬或為資恐防制法指定制裁之個人、法人或團體，亦應辨識該客戶及其實質受益人是否現任或曾任國內外政府或國際組織之重要政治性職務人士。 確認客戶身份措施，應依重要性及風險程度包括對客戶身份之持續審查，並得就風險程度之不同採取加強或減化之審查措施，且國內外客戶交易、業務關係結束後或臨時性交易結束後之所有必要紀錄，應至少保存五年。同時，事業完成確認客戶身份措施前，不得與該客戶建立業務關係或進行等值新臺幣三萬元以上之臨時性交易；身份不明時亦應婉拒建議業務關係。 事業原則應自行辦理上述客戶身份辨識之程

---

[58] 客戶為自然人時，應至少取得客戶之下列資訊，辨識及驗證客戶身份：（一）姓名。（二）官方身份證明文件號碼。（三）出生日期。（四）國籍。（五）戶籍或居住地址。

[59] 客戶為法人、團體時：（一）具控制權之最終自然人身份。所稱具控制權係指直接、間接持有該法人股份或資本百分之二十五以上者，得請客戶提供股東名冊或其他文件協助完成辨識。（二）依前小目規定未發現具控制權之自然人，或對具控制權自然人是否為實質受益人有所懷疑時，應辨識有無透過其他方式對客戶行使控制權之自然人。（三）依前二小目規定均未發現具控制權之自然人時，應辨識高階管理人員之身份。

	序，惟法令如另有規定得依賴第三方執行，且事業能確保可立即取得確認客戶身份所需資訊、所依賴之第三方受到規範或監控，並有適當措施遵循確認客戶身份及紀錄保存之相關規範第三方之所在地、其防制洗錢及打擊資恐規範與防制洗錢金融行動工作組織（FATF）所定之標準一致，則例外可委由第三方執行，然依賴第三方之事業仍應負確認客戶身份之最終責任。
虛擬通貨移轉遵循程序（第 7 條）	此為 FATF 所關注之重點，該條即「旅行規則」（Travel Rule）之內國法化，規定擔任 VA 移轉之轉出方事業者，應取得轉出人及接收人之姓名、收發雙方虛擬通貨錢包之資訊、轉出人之身份證明資料，並依同辦法第 10 條對前述資料予以保存，且將前述資訊立即且安全地提供給擔任接收方之事業。擔任接收方事業者，則應採取適當措施辨識缺少前述必要資訊之 VA 移轉，同時依風險為基礎的程序，判斷應於何時執行、拒絕或暫停該等移轉之進行，並依同辦法第 10 條保存所取得之資訊。
通貨交易申報（第 11、12 條）	對於事業進行等值一定金額（50 萬元）以上 VA 之交易，依法務部調查局所定之申報格式及方式，向法務部調查局申報。對疑似洗錢交易者，應儘速完成交易之識別、留存紀錄，同時無論金額均應立即向法務部調查局申報，並以風險基礎方法對其持續監視並保存交易紀錄。
內稽內控要求（第 14-16 條）	事業應依洗錢風險及其規模，經董事會通過包含反洗錢作業程序、指派專責人員、員工訓練

	及任用計畫、定期更新風險評估報告等程序之內稽內控制度。 前述洗錢風險應採取包含客戶、國家或地區、產品及服務、交易或支付管道等面向之評估，並應定期更新報告

　　由上表之整理可知，我國就 VA 活動之監管，重點可概分為事業定義及範圍、客戶資料確認與保存、虛擬通貨移轉遵循程序、通貨交易申報、內稽內控要求此五部份。首先，「辦法」先對相關名詞如臨時性交易、實質受益人、風險基礎方法等進行統一之定義，以及對所欲監管的主體、客體進行範圍上的特定（此部份尚有爭議詳見後述）；再者，要求事業主體在與客戶建立業務關係、辦理單筆或多筆合計等值新臺幣三萬元以上之臨時性交易、發現疑似為洗錢交易、對客戶之資料真實性存疑時，應對客戶之身份進行以風險為基礎的不同程度之辨識與驗證，同時進行其資料的保存，並以此為基礎，當有客戶進行 VA 之移轉時，要求無論發送方或接收方事業體均須執行相關的 Travel Rule 程序；最後，則要求受規範之虛擬通貨事業應建立包含反洗錢作業程序、指派專責人員、員工訓練及任用計畫、定期更新風險評估報告等程序之內稽內控制度。

　　基此，參照前述 FATF 以及主要國家的比較法研究，除監管主體與客體範圍仍有爭議外，其他關於客戶資料確認與保存、虛擬通貨移轉遵循程序、通貨交易申報、內稽內控要求之規定，已符合國際主流之監管思考。

第三節　小結──我國虛擬通貨洗錢防制政策再檢討

　　本章首先就我國洗錢防制法制發展及法制架構進行說明，從而了解我國洗錢防制發展的脈絡，我國洗錢防制法自 1996 年以來經歷數次修正，從亞洲典範到不合時宜，再於 2018 年時大幅修正後，取得 APG 第三輪評鑑「一般追蹤等級」之佳績，我國修正後之洗防法參照 FATF 建議之內容，首先對「洗錢」進行重新定義，並降低洗錢之前置犯罪門檻以解決過去洗錢犯罪追訴受限之問題，同時擴大沒收機制，而令我國法院得在行為人判決確定前，對其洗錢之標的、收益、工具等進行沒收或追徵。

　　惟上述洗防法所採取之各項措施，主要仍係以傳統之金融機構與指定之非金融機構人員作為規範對象，且其中較為細部之事項如事業內稽內控之內容、客戶盡職調查程序之範圍、程序和保存方式、一定金額交易之申報等，均係透過個別之授權辦法和要點予以補充，且該法雖於第 5 條第 2 項明文虛擬通貨平台事業（VASPs）應適用洗防法有關金融機構之規定，惟對於 VA 和 VASPs 之監管範圍卻沒有明確之定義，而縱解決監管範圍不明確的問題，VASPs 在本質上亦與傳統金融機構不同而難以一體適用。故在洗防法規範抽象且 VA 和 VASPs 本質與傳統金融機構不同之雙重困境下，我國 VASPs 事業之發展雖已行之有年，但仍係靠業者自律來維持市場之運作和交易安全，直至我國於 2021 年在洗錢防制法上為基礎進行更為細緻之規範而正式發佈施行「虛擬通貨平台及交易業務事業防制洗錢及打擊資恐辦法」後，對於 VA 活動與VASPs 的各項規範始加以具體、完備。

　　自此，我國在虛擬通貨洗錢防制之法規範層面，如規範主客體之範

圍、旅行規則之要求、客戶資料之調查與保存、實質受益人之判斷，已大致與國際之要求和趨勢接軌，惟仍尚有可檢討之處，分述如下：

（一）VA 定義自我限縮

按我國「辦法」認為所為 VA 係指「運用<u>密碼學及分散式帳本技術或其他類似技術</u>，表彰得以數位方式儲存、交換或移轉之價值，且用於支付或投資目的者。但不包括數位型式之新臺幣、外國貨幣及大陸地區、香港或澳門發行之貨幣、有價證券及其他依法令發行之金融資產。」惟 FATF 對於 VA 的描述，係指「<u>以數位方式儲存、交換或移轉之價值</u>，並可以用於支付或投資為目的者。但不包括各國之法定貨幣、有價證券及其他 FATF 已於他處有所定義之其他金融資產。」

就文字使用上之差異，可知我國將洗防的監管範圍，鎖定在附著於區塊鏈上並具有交換、移轉價值的虛擬通貨，雖本書於前述為特定研究的範圍而將所欲研究的虛擬通貨範圍鎖定在「區塊鏈架構上的幣」。固然我國就此部份的定義與本書的體系貼合，惟查 FATF、紐約[60]等並無此限制，而只要係以「數位方式」進行儲存、交換或移轉價值即屬之，故我國此種將規範客體進行自我限縮的方式恐難通過國際之法遵要求。

（二）VASPs 監管範圍規劃不當

就此部份，本書認為有兩點可檢討之處，分述如下：

1. 僅納管與會的 8 家 VASPs 業者

在規範主體方面，「辦法」雖確立了「虛擬通貨平台及交易業務事業」（VASPs）作為規範對象的基調，同時在 VASPs 的監管類型及範

---

[60] 指得以數位方式儲存、交換或移轉價值之單位，亦包括中介化、去中介化之虛擬通貨。惟排除僅具有單向性而不得與法幣為轉換之虛擬通貨。

圍在比較法上亦係遵循國際之主流策略，惟有鑑於金管會目前僅表示將納管受邀參與「辦法」擬訂的 8 家 VASPs 業者。然，參與辦法擬定的 8 家業者，雖然在規模上顯然更勝於其他業者，但金管會此種以「規模」作為是否納管的標準，恐有違憲法第 7 條「等者等之，不等者不等之[61]」的實質平等原則要求。

　　在形式合憲性方面，依大法官解釋第 443 號解釋所闡明之層級化法律保留原則，非剝奪人民生命或限制其身體自由者，得以相對法律保留，即立法者可透過法律之再授權來規範人民之基本權，故我國以洗防法授權制頒「虛擬通貨平台及交易業務事業防制洗錢及打擊資恐辦法」來規範 VASPs 業者之作法，符合形式合憲性之要求。

　　惟實質合憲性方面，該「辦法」除以「規模」作為是否納管的標準，亦對受規範業者從事工作之方法等執行職業自由進行限制[62]，對於人民之基本權行使限制重大，故應採較為嚴格之審查標準。

　　該辦法之目的係為完善我國洗防法制之完善並遵循 FATF 和國際對於 VA 洗錢防制之要求，對於我國金融體制之維護有重要之影響，故在目的追求上符合重要公益之要求，惟查前述 FATF 對於 VASPs 之監管描述，係以業者之行為態樣進行範圍之特定，不因業者之「規模」而有影響，意即當一事業體為他人從事受指定之活動，並以此進行商業活動者，無論是法人或自然人皆為 FATF 所欲納管之 VASPs，故金管會此種限縮難謂符合國際洗防法遵之要求，顯無法達成法規所欲成就之目的。是以，手段與目的間應不具備實質關聯性而不符合實質合憲性之要求。

---

[61] 司法院釋字第 485 號。

[62] 司法院釋字第 649 號。

　　基此，對於金管納管 8 家 VASP 業者之作法，除不符 FATF 之法遵要求外，亦有違反憲法上基本權保障要求之嫌，惟後續是否仍僅及於前述所列的 8 家業者，亦或可擴及至其他為他人從事 VA 活動之個人或法人，則有待後續之觀察[63]。

　　2. 將納管事業限縮於我國登記者

　　由於「辦法」第 2 條明確表示該「辦法」所欲管制之「事業」，係以在本國內設立者為限，惟虛擬通貨交易所通常有母公司設於國外，並在我國境內設立子公司或分公司之情況，故該條究應如何操作仍有待觀察[64]，惟若機械式的操作該條規定，則等同鼓勵用戶向國外交易所進行註冊和交易，以規避我國洗錢防制法之規範，恐不利我國虛擬通貨交易所之發展[65]。此部份或可參考本書前述美國和香港的作法，而規定只要事業係為他人或代表他人而進行指定之 VA 業務，則不論該事業範圍之一部或全部發生在台灣境內者，即應受該辦法之監管並要求在我國註冊。

（三）VA 和 VASPs 範圍應注意 FATF 見解之改變

　　如前述 FATF 於 2021 年 3 月發佈的「2021 指引草案」，即提到對於 VA 和 VASPs 的定義應是廣泛而不應存在相關金融資產未被包含在

---

[63] 中時新聞網（2021），林昱均，〈虛擬通貨平台洗防與反資恐規定上路〉，https://www.chinatimes.com/realtimenews/20210707003060-260410?chdtv（最後瀏覽日：2021/08/14）。

[64] 鏈新聞（2021），〈金管會最新｜公布虛擬通貨平台防洗錢草案，有哪些必知重點？〉，https://www.owlting.com/news/articles/9040-%E9%87%91%E7%AE%A1%E6%9C%83%E6%9C%80%E6%96%B0%EF%BD%9C%E5%85%AC%E5%B8%83%E8%99%9B%E6%93%AC%E9%80%9A%E8%B2%A8%E5%B9%B3%E5%8F%B0%E9%98%B2%E6%B4%97%E9%8C%A2%E8%8D%89%E6%A1%88%EF%BC%8C%E6%9C%89%E5%93%AA%E4%BA%9B%E5%BF%85%E7%9F%A5%E9%87%8D%E9%BB%9E%EF%BC%9F（最後瀏覽日：2021/08/14）。

[65] 許毓仁（2021），〈To Regulate or Not 加密貨幣監管與創新的兩難〉，https://readers.ctee.com.tw/cm/20210702/a05aa5/1132933/share（最後瀏覽日：2021/08/14）。

FATF 標準之情形[66]，就 VA 之部份，認為大多數的 NFT 應被視為 VA，穩定幣亦應被視為 VA；就 VASPs 而言，則認為去中心化交易所、DAPP、從事 VA 託管服務以及任何促進 P2P 交易的平台或交易所均應被認為是 VASPs。雖然前述對於 VA 定義的擴張於 2021 年第二次回顧指引中未被提及，但關於 VASPs 應包含去中心化以及任何其他 DeFi 系統的服務均應納入 VASPs 範圍的部份，則已於 2021 年第二次回顧指引中被再度重申[67]，雖對於虛擬通貨「2021 指引草案」的反饋中強調，許多虛擬通貨活動項目並未有具有一中介機構之角色，故此類型的業者不應被視為 VASPs[68]。然，FATF 仍表示將進一步審視 DeFi 系統此種去中心化業者之洗錢風險，以及課予其洗錢防制義務之可行性，並進行新指引的修訂[69]。是以，我國近期所發佈之「辦法」，就 VA 和 VASPs 的定義雖已符合目前的監管框架，仍應隨時注意 FATF 見解的改變並即時進行修正。

（四）Travel Rules 仍難以落實

　　FATF 自 2019 指引後即多次強調 Travel Rules 於 VA 洗錢防制領域之重要性，但時至今日國際間仍未能普遍實施，原因除各國法制建構之效率不同，更可能的原因或在於各 VASP 業者向來將其客戶之資料視為自身的資產和營業秘密而不願公開，我國於此次「辦法」中亦有 Travel Rules 之相關規定，要求交易雙方事業須在進行 VA 活動時，提供客戶之姓名、錢包資訊等個人資料，並應依同「辦法」之規定予以保

---

[66] 見第 2 章，*Supra* note 24, at 20.

[67] 見第 2 章，*Supra* note 106, at 33.

[68] 見第 2 章，*Supra* note 24, at 34.

[69] *Id.*

存，且接收方事業亦應依風險為基礎之程序，判斷是否執行或拒絕 VA 活動之進行。惟究竟應如何落實仍未可知，我國亦於「辦法」第 18 條表示，且有鑑 FATF 對於 Travel Rules 的普遍施行欲加重視，並如前述決定於今年 11 月發佈針對 Travel Rules 應如何具體施行的新指引，故我國可在這段緩衝期間進行公會與政府間的溝通協調、確立 VASPs 的執照發行制度等虛擬通貨產業的基礎建設，並依後續 FATF 所發佈之指引對「辦法」進行相關之修訂。

綜上所述，我國「辦法」對於規範主體或客體之限縮是否能通過 FATF 的洗錢防制法遵要求則有疑問，但對於客戶資料確認與保存、虛擬通貨移轉遵循程序、通貨交易申報、內稽內控要求等部份則與國際之法遵要求相符。

第五章　結論

　　虛擬通貨近年價格波動極大，以貨幣型虛擬通貨之比特幣為例，在 2021 年時一舉突破了每顆 6 萬美元的新高，並在短時間內腰斬又逐步回升，而因為短期的巨大價差的特性可使投資人在極短的時間內累積巨大的財富，因此被許多人視為一新型的投資標的，甚至特斯拉執行長馬斯克亦於 2021 年 3 月允許客戶以比特幣作為購買特斯拉的支付方式，然而「錢之所在，犯罪之所在」，隨著虛擬市場的價值增加，不法份子透過虛擬通貨進行的違法吸金、詐騙、駭客入侵等不法行為之案例也日益增多，尤其附著於區塊鏈的虛擬通貨有別於傳統之法幣、黃金，其具有如同法幣等交換的「價值」，卻沒有物理的「形體」，更因為區塊鏈而使其天生具備匿名、去中心化之特性，進而使得不法份子得以更輕易地將其因不法行為所得之「髒錢」進行洗錢的動作。為避免主管機關因擔心虛擬通貨遭不法人士利用，而基於保護人民的理由對虛擬通貨市場進行嚴格之限制，使多數人須承擔因少數不法份子之行為，進而導致其無法接觸此種新興產業的後果。站在不讓任何人因犯罪獲利的立場，本書以虛擬通貨之洗錢防制為題，藉由探討國際之法治經驗，並對我國之法秩序提出建議。

　　首先，本書注意到虛擬通貨之分類和功能眾多，為進行監管資源的有效分配，並使我國虛擬通貨之洗錢防制監管得以與國際接軌，故本書雖係以如比特幣此種具有儲存、交換、移轉價值之 non-security 虛擬通貨作為研究標的之想像，惟在討論上，為避免定義之混淆，故在文字使用上，仍係以「得以數位方式儲存、交換或移轉之價值，並可以用於支

付或投資為目的者。但不包括各國之法定貨幣、有價證券及其他 FATF 已於他處有所定義之其他金融資產。」此一 FATF 對於虛擬通貨的描述作為本書使用之文字。

在本書的後續章節，分別對 FATF、美國、中國進行比較法研究，從 FATF 和主要國家對於虛擬通貨洗錢防制之發展背景和立法沿革為始，並就各自適用之法規、所欲規範之主體、客體範圍，以及受規範主體應盡之義務等層面進行深入的剖析，而由本書前述對於 FATF、美國、中國的比較法研究，顯見無論係國際組織或主要國家間，對於 VA 之洗錢防制均日益重視並給出積極的回應。

但於 FATF 所發佈的 2020 和 2021 的第一次及第二次回顧指引，仍可知 FATF 並不滿意國際間對於 VA 洗錢防制體制建立之進度，在 2021 第二次回顧指引中的調查報告顯示，雖國際對於 VASPs 的監管已取得相當程度的進展，且就 Travel Rules 的實施困境上，業已透過技術的開發獲得改善，然在 FATF 的 128 位會員國中，僅 58 位會員國表示其對於 FATF 針對 VA 和 VASPs 的洗錢和資恐問題所發佈的如 2019 指引等標準已經開始實施（包含 52 位將 VASPs 納入監管以及 6 位禁止 VASPs 營運者），而其他 70 位會員國仍表示尚未在其國家的法律中實施相關的建議和指引。由此可知目前仍未有一個有效、全球性的制度來防堵不法人事透過 VA 和 VASPs 從事洗錢和資恐犯罪。基此，FATF 於報告中亦要求各會員應儘速實施 FATF 的各項標準和指引，並認為目前就 VA 和 VASPs 的洗錢防制監管仍需繼續改進，具體作法除敦促各國加速實施關於 VA 和 VASPs 相關指引外，並已於 2021 年 10 月更新了於 2019 年發佈的 VA 和 VASPs 風險指引，為國際提供具體適用該指引於 VA 反洗錢和反資恐的示例和方法。

回到我國，自 2016 年及 2018 年對洗防法進行大規模修正，並於

2021 年正式發佈我國針對虛擬通貨洗錢防制監管的「虛擬通貨平台及交易業務事業防制洗錢及打擊資恐辦法」後，在法規範層次上，無論係主管機關的指定、主客體範圍的特定，以及受規範主體所應踐行如客戶盡職調查義務、可疑交易報告義務和客戶資料流通、保存義務等，除本書「我國虛擬通貨洗錢防制政策再檢討」章節對於監管主體與客體範圍限縮（如將 VA 限縮在以區塊鏈技術或類似技術進行價值儲存、移轉價值者，以及僅納管登記於我國的 8 家 VASPs 業者）之疑慮外，已大致符合現階段國際主流之思考，對此，我國主管機關對於法治之完善可以感到喜悅、自信，但無論任何國家或業者均不能期待法秩序能恆久不變，且 FATF 亦已於 2021 年 10 月更新了相關指引，因此，我國主管機關對於前述提到 FATF 對於 VA 和 VASPs 定義的調整、Travel Rules 的具體施行措施，以及建立 VASPs 執照制度等 VA 活動基礎建設之建議，均應時刻注意國際間之動向並進行即時之修正。

　　雖然隨著國際對於 VA 活動的洗錢防制監管愈加嚴密，並且將為他人從事 VA 活動的 VASPs 視為應納入監管之節點，而要求其進行洗錢防制法所訂之各項反洗錢義務，當中亦包括原係用於規範傳統金融機構的 Travel Rule 等，進而使得虛擬通貨因附著於區塊鏈而天生具備的去中心化、匿名性等特性逐漸被淡化，故有論者認為，課予 VASPs 業者如同金融機構等高強度之洗錢防制義務，恐會有礙區塊鏈技術之創新。

　　然，回歸根本，區塊鏈技術和虛擬通貨實際上並不具不可分割性，所謂的「幣」本質上僅係作為誘因機制，鼓勵礦工協力打包區塊並維護整個網路系統的運行[1]。簡而言之，虛擬通貨僅為區塊鏈發展的一環而

---

[1]　見第 1 章註 2，頁 P38。

已[2]；反之，如果虛擬通貨具有貨幣性質或有價證券性質時，即可能令其藉由與真實世界的法幣進行轉換，並進行價值的儲存等活動，而成為規避主管機關監管的犯罪工具[3]，基此，只要對於貨幣或有價證券基於保障市場健全的理由成立，則沒有理由因業者僅係透過區塊鏈技術而為同屬價值儲存、移轉、交易之行為，即應基於保障創新的立場予以鬆綁的理由[4]。

基此，站在管制虛擬通貨之價值儲存、移轉、交易不必然會阻礙區塊鏈技術創新的立場，本書認為主管機關所應思考者，在於如何借鏡過去實體世界處理洗錢防制之經驗，並正確地認識 VA 之活動類型與生態，進而將該等經驗妥適地融入具有表彰貨幣、債、資金或任何形式受益權的虛擬通貨發行與交易[5]，以建立友善、安全的投資和交易環境，此為本書撰寫之初衷。

---

[2]　見第 1 章註 2，頁 P53。

[3]　見第 1 章註 2，頁 P96。

[4]　見第 1 章註 2，頁 P96。

[5]　見第 1 章註 2，頁 P96。

參考文獻

一、中文部份

（一）書籍

汪毓瑋、王寬弘、張維平、孫國祥、柯雨瑞、許義寶、蔡裕明（2012），《跨國（境）組織犯罪理論與執法實踐之研究——分論》，元照出版公司。

財團法人台灣金融研訓院（2018），《我國防制洗錢及打擊資恐政策與法令》，初版五刷。

陳丁章、范建得、黎昱萱（2021），《自比特幣技術的特徵論虛擬貨幣的法律特性及其相關議題》，元華文創股份有限公司。

蔣念祖（2021），《洗錢防制國際評鑑與風險治理》，元照出版公司。

（二）期刊

Jollen Chen（2013），〈BITCOIN 來自何處？〉，《遠播資訊股份有限公司》，266 期，頁 18。

LeoZeng（2019），〈加密數字貨幣的國際反洗錢機制研究〉，《國際經濟法學刊》，4 期，頁 28-47。

呂嘉穎（2020），〈初探區塊鏈之不可竄改特性、匿名性所衍生的法律

問題〉，《交大法學評論》，6 期，頁 41-73。

宋皇志、吳婕華（2020），〈虛擬貨幣之法律性質與監理規範〉，《臺北大學法學論叢》，117 期，頁 133-211。

李聖傑（2017），〈洗錢罪的可罰基礎與釋義〉，《新洗錢防制法——法令遵循實務分析》，元照，頁 33-49。

林盟翔（2017），〈數位通貨與普惠金融之監理變革——兼論洗錢防制之因應策略〉，《月旦法學雜誌》，267 期，頁 30-75。

林鈺雄、蔡佩玲、楊雲驊、林志潔、李聖傑、李宏錦、謝建國、金延華（2017），〈洗錢防制新法之立法評析〉，《月旦刑事法評論》，4 期，頁 117-129。

許兆慶、彭德仁（2017），〈洗錢防制之立法宗旨及國際規範本土化過程〉，《財產法暨經濟法》，50 期，頁 37-82。

郭秋榮（2019），〈我國因應數位貨幣發展之對策與政策建議〉，《經濟研究年刊》，19 期，頁 1-44。

陳哲斌（2018），〈首次密碼代幣發行（ICO）的金融監理〉，《月旦法學雜誌》，276 期，頁 134-148。

陳逸飛（2018），〈新洗錢防制新法修正要點介紹〉，《法觀人月刊》，229 期，頁 19-26。

楊岳平（2020），〈金融科技時代下的金融監管挑戰：論虛擬通貨交易平台的監管架構〉，《臺大法學論叢》，49 卷特刊，頁 1309-1396。

楊岳平（2020），〈論虛擬通貨之法律定性——以民事法與金融法為中心〉，《月旦法學雜誌》，301 期，頁 43-63。

劉金龍（2018），〈證券商防制洗錢及打擊資恐實務〉，《證券暨期貨月刊》，36 卷 1 期，頁 16-30。

蔡佩芬（2009），〈反洗錢國際組織與司法互助議題〉，《高大法學論叢》，5 期，頁 47-132。

蔡佩玲（2018），〈我國接受亞太防制洗錢組織第三輪相互評鑑紀實與評鑑後之展望〉，《財金資訊》，96 期，頁 2-11。

蔡佩玲（2020），〈財團法人之聲譽、法遵與控險－從洗錢防制與打擊資恐之國際發展趨勢出發〉，《月旦會計實務研究》，36 期，頁 19-30。

鄭旭高（2019），〈金融科技技術概覽（九）——台灣虛擬通貨相關管理規劃〉，2019 卷 11 期，頁 1-2。

謝孟珊（2017），〈電子支付業務管制範疇之比較法研究〉，《月旦法學雜誌》，263 期，頁 153-166。

臧正運（2020），〈論密碼資產的興起與金融監理機關之職能變革〉，《月旦法學雜誌》，301 期，頁 64-85。

（三）學位論文

李建德，〈加密貨幣之洗錢防制研究〉，國立台灣大學法律學院法律學研究所碩士論文，2018 年。

黃淑雯，〈我國洗錢防制機制及法令遵循之研究——以金融產業為中心〉，國立臺北大學法律學系碩士論文，2019 年。

（四）政府資料

財經事務及庫務局（2021），〈有關香港加強打擊洗錢及恐怖分子資金籌集規管的立法建議公眾諮詢諮詢總結〉，https://www.fstb.gov.hk

/fsb/tc/publication/consult/doc/consult_conclu_amlo_c.pdf

（五）網路文獻

BINANCE–ACADEMY（2021），〈託管型 vs 非託管型 NFT：兩者有何分別？〉，https://academy.binance.com/zt/articles/custodial-vs-non-custodial-nfts-what-s-the-difference（最後瀏覽日：2021/06/03）。

BLOCK TEMPO（2020），Advac L.，〈重磅！幣寶日本發函解除契約、終止系統服務，台灣市場「數億消失資產」該如何彌補？〉，https://www.blocktempo.com/bitpoint-jp-stop-the-contract-of-tw/（最後瀏覽日：2021/08/10）。

BLOCK TEMPO（2020），Claire Lin，〈Defi 是洗錢天堂？加密犯罪若出圈到 DeFi，監管風險不容小覷，https://www.blocktempo.com/regulators-warned-defi-is-becoming-moeny-laundry-heaven/（最後瀏覽日：2021/08/10）。

BLOCK TEMPO（2021），〈排擠大眾！香港「VASP 牌照監管」將入立法會，90%散戶恐轉戰海外、無牌交易所〉，https://www.blocktempo.com/hk-vasp-certification-regulation-going-into-legislative-council/（最後瀏覽日：2021/09/15）。

BLOCK TEMPO（2021），〈解讀｜香港 VASP 管制將從「自願發牌」到「強制持牌」，新規框架一次探究〉，https://www.blocktempo.com/hongkong-sfc-wants-crytpocurreny-to-be-fully-regulated/（最後瀏覽日：2021/09/15）。

BLOCK TEMPO（2021），Lee Michael，台灣出手！行政院劃定 5 大

虛擬通貨業者，交易所、ICO 銷售……需落實 KYC/AML 洗錢防制，https://www.blocktempo.com/taiwan-vasp-kyc-aml-regulation/（最後瀏覽日：2021/06/03）。

CTO Talk（2018），〈比特幣太肥太慢，閃電網路要成為數位貨幣的新架構〉，https://www.ithome.com.tw/people/124614（最後瀏覽日：2021/04/25）。

KNOWING 新聞（2021），何渝婷，〈一文了解美國監管機構目前對於加密貨幣的監管進展〉，https://news.knowing.asia/news/6eddf838-961e-4372-bc20-a4994de83fbc（最後瀏覽日：2021/08/11）。

South China Morning Post，〈香港今年有更多美元百萬富翁，因為平靜的街道提振信心和對財富的看法〉，https://www.scmp.com/business/money/article/3102726/hong-kong-has-more-us-dollar-millionaires-year-calmer-streets-boost?module=perpetual_scroll&pgtype=article&campaign=3102726（最後瀏覽日：2021/09/16）。

Taipei Ethereum Meetup（2018），Hsieh Yung-chen，〈JOYSO──混合式去中心化交易所〉，https://medium.com/taipei-ethereum-meetup/joyso-%E6%B7%B7%E5%90%88%E5%BC%8F%E5%8E%BB%E4%B8%AD%E5%BF%83%E5%8C%96%E4%BA%A4%E6%98%93%E6%89%80-89c0afcb8744（最後瀏覽日：08/23/2021）。

udn 聯合新聞網（2018），〈虛擬貨幣誰管？ 顧立雄首度鬆口「金管會可以」〉，https://www.inside.com.tw/article/14343-fsc-blockchain-cryptocurrency-bitcoin-law（最後瀏覽日：2021/08/03）。

工商時報（2019），名家廣場，〈虛擬通貨平台業者對《反洗錢防制法》修正案意見〉，https://view.ctee.com.tw/legal/8743.html（最後瀏覽日：2021/08/03）。

工商時報（2020），陳碧芬，〈等不到洗錢防制子法 台虛擬資產業超前部署〉，https://ctee.com.tw/wealth/fintech/265850.html（最後瀏覽日：2021/08/23）。

中央銀行及金融監督管理委員會（2013），〈比特幣並非貨幣，接受者務請注意風險承擔問題〉， http://www.cbc.gov.tw/ct.asp?xItem=43531&ctNode=302（最後瀏覽日：2017 年 10 月 14 日）。

中時新聞網（2021），林昱均，〈虛擬通貨平台洗防與反資恐規定上路〉，https://www.chinatimes.com/realtimenews/20210707003060-260410?chdtv（最後瀏覽日：2021/08/14）。

中華人民共和國中央人民政府（2021），〈人民银行等七部门关于防范代币发行融资风险的公告〉，http://www.gov.cn/xinwen/2017-09/05/content_5222657.htm（最後瀏覽日：2021/09/14）。

中華人民共和國中央人民政府（2021），〈人民银行等五部委发布关于防范比特币风险的通知〉，http://www.gov.cn/gzdt/2013-12/05/content_2542751.htm（最後瀏覽日：2021/09/14）。

中華人民共和國中央人民政府（2021），〈中国人民银行发布《金融机构反洗钱和反恐怖融资监督管理办法》〉，http://www.gov.cn/xinwen/2021-04/17/content_5600258.htm（最後瀏覽日：2021/09/14）。

中華民國中央銀行全球資訊網（2018），〈經營虛擬通貨交易平台是否要向央行申請核准?〉，https://www.cbc.gov.tw/tw/cp-2150-101139-f62bf-1.html（最後瀏覽日：2021/08/03）。

中華民國立法院（2018），安怡芸，〈虛擬通貨納入管理之相關問題研析〉https://www.ly.gov.tw/Pages/Detail.aspx?nodeid=6590&pid=176371（最後瀏覽日：2021/08/03）。

卡優新聞網（2019），張家嘯，〈虛擬貨幣主管機關 金管會表態願意

承接〉，https://www.cardu.com.tw/news/detail.php?36612（最後瀏覽日：2021/08/03）。

自由財經（2018），〈誰來管理比特幣？ 顧立雄：金管會可以承接〉，https://ec.ltn.com.tw/article/breakingnews/2571159（最後瀏覽日：2021/08/04）。

行政院新聞傳播處（2019），〈第 3 輪洗錢防制評鑑 台灣獲佳績——金流透明 世界好評〉，https://www.ey.gov.tw/Page/5A8A0CB5B41DA11E/bdf44d9a-f4f0-43aa-99f2-771f612983ac（最後瀏覽日：2021/08/03）。

何渝婷（2020），〈金管會將擔任虛擬通貨主管機關？主委黃天牧給予 3 點回應〉，https://tw.stock.yahoo.com/news/%E9%87%91%E7%AE%A1%E6%9C%83%E5%B0%87%E6%93%94%E4%BB%BB%E8%99%9B%E6%93%AC%E9%80%9A%E8%B2%A8%E4%B8%BB%E7%AE%A1%E6%A9%9F%E9%97%9C-%E4%B8%BB%E5%A7%94%E9%BB%83%E5%A4%A9%E7%89%A7%E7%B5%A6%E4%BA%883%E9%BB%9E%E5%9B%9E%E6%87%89-120500145.html（最後瀏覽日：2021/08/03）。

亞太區塊鏈發展協會（2018），〈虛擬通貨交易所會員自律公約〉，https://apbcd.org/sro.html（最後瀏覽日：2020/08/03）。

法務部調查局洗錢防制處（2019），〈工作概述〉，https://www.mjib.gov.tw/EditPage/?PageID=3d436d3b-b3e0-4374-8834-1f1fc06faee7（最後瀏覽日：2021 年 3 月 25 日）。

法務部調查局洗錢防制處（2019），〈歷史沿革〉，https://www.mjib.gov.tw/EditPage/?PageID=e21658e0-bde6-475f-884d-f2415a446d02（最後瀏覽日：2021/03/03）

金融監督管理委員會（2021），〈金管會提醒社會大眾有關虛擬資產的相關風險〉，https://www.fsc.gov.tw/ch/home.jsp?id=96&parentpath=0&mcustomize=news_view.jsp&dataserno=202104200003&dtable=News（最後瀏覽日：2021 年 4 月 26 日）。

金融監督管理委員會（2021），〈預告「虛擬通貨平台及交易業務事業防制洗錢及打擊資恐辦法」草案〉，https://www.fsc.gov.tw/ch/home.jsp?id=96&parentpath=0,2&mcustomize=news_view.jsp&dataserno=202105250007&toolsflag=Y&dtable=News（最後瀏覽日：2021/06/03）。

金融監督管理委員會（2021），〈預告訂定「虛擬通貨平台及交易業務事業防制洗錢及打擊資恐辦法」〉，https://www.fsc.gov.tw/ch/home.jsp?id=133&parentpath=0,3&mcustomize=lawnotice_view.jsp&dataserno=202106020001&dtable=NoticeLaw（最後瀏覽日：2021/06/03）。

科技新報（2021），Chen kobe，DeFi 默默養大去中心化交易所，Uniswap 市值高達 366 億美元，https://technews.tw/2021/05/26/uniswap-volume-36b-usd-with-defi-growth/（最後瀏覽日：2021/08/10）。

桑幣知識，〈加密貨幣交易所——推薦的中心化和去中心化交易所〉，https://know.zombit.info/%E5%8A%A0%E5%AF%86%E8%B2%A8%E5%B9%A3%E4%BA%A4%E6%98%93%E6%89%80/（最後瀏覽日：2021/08/10）。

動區動趨 BlockTempo（2020），〈小故事｜比特幣 Pizza 日的由來？一個工程師花 1 萬 BTC 買披薩(現值 30 億)〉，https://www.blocktempo.com/bitcoin-pizza-day-event-may-twenty-second/（最後瀏覽日：2021/03/14）。

許毓仁（2021），〈To Regulate or Not 加密貨幣監管與創新的兩難〉，https://readers.ctee.com.tw/cm/20210702/a05aa5/1132933/share（最後瀏覽日：2021/08/14）。

幣安（2021），〈去中心化 DEX、中心化 Exchange 與 Trust Wallet 金流投資操作詳解〉，https://www.rayskyinvest.com/13599/binance-dex-intro（最後瀏覽日：2021/08/10）。

臺灣金融科技協會（2018），《交易所行為準則》，http://www.fintech.org.tw/gallery/code%20of%20conduct%20for%20exchanges%20chi+eng%2020180914%20final%20v3.pdf（最後瀏覽日：2020/11/10/）。

鏈新聞（2021），〈金管會最新｜公布虛擬通貨平台防洗錢草案，有哪些必知重點？〉，https://www.owlting.com/news/articles/9040-%E9%87%91%E7%AE%A1%E6%9C%83%E6%9C%80%E6%96%B0%EF%BD%9C%E5%85%AC%E5%B8%83%E8%99%9B%E6%93%AC%E9%80%9A%E8%B2%A8%E5%B9%B3%E5%8F%B0%E9%98%B2%E6%B4%97%E9%8C%A2%E8%8D%89%E6%A1%88%EF%BC%8C%E6%9C%89%E5%93%AA%E4%BA%9B%E5%BF%85%E7%9F%A5%E9%87%8D%E9%BB%9E%EF%BC%9F（最後瀏覽日：2021/08/14）。

鏈新聞（2021），Elponcho，〈專楊平教授｜台灣虛擬防制洗錢辦法訪問岳岳平台，引發如何評論？〉，https://www.abmedia.io/interview-with-alex-yueh-ping-yang-on-taiwan-sec-draft（最後瀏覽日：2021/06/03）。

鏈聞(2019)，gf.network，〈FinCEN 發文劍指區塊鏈行業〉，https://www.chainnews.com/articles/222723076245.htm （最後瀏覽日：2021/0814）。

鏈聞 CHAINNEWS（2019），〈天網恢恢！又一名暗網比特幣洗錢者被抓了〉，https://www.chainnews.com/zh-hant/articles/438156939322.htm（最後瀏覽日：2021/03/14）。

二、英文部份

（一）Books, Reports, and Other Non-periodic Materials

FATF, 12 MONTH REVIEW OF REVISED FATF STANDARDS ON VIRTUAL ASSETS AND VASPS (2020). *Available at* https://www.fatf-gafi.org/media/fatf/documents/recommendations/12-Month-Review-Revised-FATF-Standards-Virtual-Assets-VASPS.pdf.

FATF, Anti-money laundering and counter-terrorist financing measures People's Republic of China (2019). *Available at* https://www.fatf-gafi.org/media/fatf/documents/reports/mer4/MER-China-2019.pdf

FATF, Anti-money laundering and counter-terrorist financing measures People's Republic of China 1st Enhanced Follow-up Report & Technical Compliance Re-Rating (2020). *Available at* https://www.fatf-gafi.org/media/fatf/documents/reports/fur/Follow-Up-Report-China-2020.pdf

FATF, GUIDANCE FOR A RISK-BASED APPROACH TO VIRTUAL ASSETS AND VIRTUAL ASSET SERVICE PROVIDERS (2019). *Available at* https://www.fatf-gafi.org/media/fatf/documents/recommendations/RB

A-VA-VASPs.pdf

FATF, GUIDANCE FOR A RISK-BASED APPROACH VIRTUAL CURRENCIES (2015), *Available at* https://www.fatf-gafi.org/media/fatf/documents/reports/Guidance-RBA-Virtual-Currencies.pdf.

FATF, PUBLIC CONSULTATION ON FATF DRAFT GUIDANCE ON A RISK-BASED APPROACH TO VIRTUAL ASSETS AND VIRTUAL ASSET SERVICE PROVIDERS (2021). *Available at* https://www.fatf-gafi.org/media/fatf/documents/recommendations/March%202021%20-%20VA%20Guidance%20update%20-%20Sixth%20draft%20-%20Public%20consultation.pdf.

FATF, THE FATF RECOMMENDATIONS (UPDATED 2020), *Available at* https://www.fatf-gafi.org/media/fatf/documents/recommendations/pdfs/fatf%20recommendations%202012.pdf.

FATF, VIRTUAL CURRENCIES: KEY DEFINITIONS AND POTENTIAL AML/CFT RISKS (2014). *Available at* https://www.fatf-gafi.org/media/fatf/documents/reports/Virtual-currency-key-definitions-and-potential-aml-cft-risks.pdf.

FIMA, GUIDELINES FOR ENQUIRIES REGARDING THE REGULATORYFRAMEWORK FOR INITIAL COIN OFFERINGS (ICOS) (Feb. 16, 2018).

FinCEN, Application of FinCEN's Regulations to Certain Business Models Involving Convertible Virtual Currencies (2019). *Available at* https://www.fincen.gov/sites/default/files/2019-05/FinCEN%20Guidance%20CVC%20FINAL%20508.pdf.

FinCEN, Application of FinCEN's Regulations to Persons Administering, Exchanging, or Using Virtual Currencies (2013), *Available at* https://www.fincen.gov/sites/default/files/shared/FIN-2013-G001.pdf.

FinCEN, Application of FinCEN's Regulations to Virtual Currency Software Development and Certain Investment Activity (2014), *Available at* https://www.fincen.gov/sites/default/files/shared/FIN-2014-R002.pdf.

FinCEN, Request for Administrative Ruling on the Application of FinCEN's Regulations to a Virtual Currency Payment System (2014), *Available at* https://www.fincen.gov/sites/default/files/administrative_ruling/FIN-2014-R012.pdf.

（二）Periodical Materials

Dirk A. Zetzsche et. al.1, *The Distributed Liability of Distributed Ledgers: Legal Risks of Blockchain*, 2018 U. ILL. L. REV. 1361, 1373 (2018).

Dupuis, D. and Gleason, K. *Money laundering with cryptocurrency: open doors and the regulatory dialectic*, JOURNAL OF FINANCIAL CRIME （2020）.

（三）Internet sources

Am I an MSB?, FINCEN, *Available at* https://www.fincen.gov/am-i-msb (last visited AUG. 14, 2021).

Amendments to the FATF Recommendations to address the regulation of virtual assets, FATF, *Available at* http://www.fatf-gafi.org/publications/fatfgeneral/documents/outcomes -plenary-october-2018.html (last visited MAR. 14, 2021).

Analysis: Proposed FATF Guidance for Virtual Assets and VASPs, JJ, *Available at* https://ciphertrace.com/analysis-proposed-fatf-guidance-for-virtual-ass ets-and-vasps/ (last visited AUG. 14, 2021).

BitLicense FAQs, NYDFS, *Available at* https://www.dfs.ny.gov/apps_and_licensing/virtual_currency_business es/bitlicense_faqs (last visited AUG. 16, 2021).

Categories Of Cryptocurrency You Should Know, Cryptomaniac, *Available at* https://cryptoverze.com/cryptocurrency-categories/ (last visited MAR.14, 2021).

Communiqué,G20 Finance Ministers and Central bank Governors Meeting, Fukuoka., Ministry of Finance.JAPAN, *Available at* https://www.mof.go.jp/english/international_policy/convention/g20/co mmunique.htm (last visited MAR. 14, 2021).

FinCEN's Mandate From Congress, FinCEN, *Available at* https://www.fincen.gov/resources/statutes-regulations/fincens-mandate -congress（last visited August 11, 2021）.

Global Cryptocurrency Charts, CoinMarketCap, *Available at* https://coinmarketcap.com/zh-tw/charts/#dominance-percentage (last visited MAR. 14, 2021).

History of the FATF, FATF, *Available at* http://www.fatf-gafi.org/about/historyofthefatf/(last visited MAR. 14, 2021).

How is money laundered, FATF, *Available at*
http://www.fatf-gafi.org/faq/moneylaundering/(last visited MAR. 14, 2021).

Interpretive note to recommendation 3, FATF Recommendations (2020), *Available a*t
http://www.fatf-gafi.org/media/fatf/documents/recommendations/pdfs/
FATF%20Recommendations%202012.pdf(last visited MAR. 14, 2021).

Members and Observers, FATF, *Available at*
http://www.fatf-gafi.org/about/membersandobservers/ (last visited MAR. 14, 2021).

MUTUAL EVALUATIONS, APG, *Available at*
http://www.apgml.org/mutual-evaluations/page.aspx?p=a901712a-54e4-4b3b-a146-046aefca6534 (last visited AUG. 03, 2021).

Outcomes FATF Plenary, 22, 24 and 25 February 2021, FATF, *Available at*
http://www.fatf-gafi.org/publications/fatfgeneral/documents/outcomes-fatf-plenary-february-2021.html (last visited AUG. 10, 2021).

Public Statement on Virtual Assets and Related Providers, FATF, *Available at*
http://www.fatf-gafi.org/publications/fatfrecommendations/documents/
public-statement-virtual-assets.html (last visited MAR. 14, 2021).

Second 12-Month Review of Revised FATF Standards-Virtual Assets and VASPs, FATF, *Available at*
https://www.fatf-gafi.org/publications/fatfrecommendations/documents/second-12-month-review-virtual-assets-vasps.html. (last visited AUG. 14, 2021).

Virtual Currency : Regulation and History, NYDFS, *Available at*
   https://www.dfs.ny.gov/apps_and_licensing/virtual_currency_business
   es/regulation_history (last visited AUG. 16, 2021).

What exactly is a VASP, anyway?, AnChain.A I, *Available at*
   https://anchainai.medium.com/what-exactly-is-a-vasp-anyway-5b9672
   bc4095 (last visited AUG. 14, 2021).

What Exactly is a Virtual Asset Service Provider (VASP)? , CIPHERTRACE,
   Available at
   https://ciphertrace.com/what-exactly-is-a-virtual-asset-service-provide
   r-vasp/ (last visited AUG. 14, 2021).

What is Money Laundering, FATF, *Available at*
   http://www.fatf-gafi.org/faq/moneylaundering/(last visited MAR. 14,
   2021).

What we do, FATF, *Available at*
   http://www.fatf-gafi.org/about/whatwedo/ (last visited MAR. 14, 2021).

國家圖書館出版品預行編目(CIP)資料

虛擬通貨的洗錢防制監管 / 董尚晨，范建得著.
-- 初版. -- 臺北市：元華文創股份有限公司，
2022.09
面；　公分

ISBN 978-957-711-275-0(平裝)

1.CST: 洗錢防制法 2.CST: 電子貨幣 3.CST:
比較研究
561.2　　　　　　　　　　　　　111013525

虛擬通貨的洗錢防制監管

董尚晨 范建得 著

發 行 人：賴洋助
出 版 者：元華文創股份有限公司
聯絡地址：100 臺北市中正區重慶南路二段 51 號 5 樓
公司地址：新竹縣竹北市台元一街 8 號 5 樓之 7
電　　話：(02) 2351-1607　　傳　　真：(02) 2351-1549
網　　址：www.eculture.com.tw
E - m a i l：service@eculture.com.tw
主　　編：李欣芳
責任編輯：立欣
行銷業務：林宜葶
出版年月：2022 年 09 月 初版
定　　價：新臺幣 300 元

ISBN：978-957-711-275-0(平裝)

總經銷：聯合發行股份有限公司
地　址：231 新北市新店區寶橋路 235 巷 6 弄 6 號 4F
電 話：(02)2917-8022　　　　傳　真：(02)2915-6275